Brigitte Johann

Wellenzauber

Brigitte Johann

Wellenzauber

Eine
italienische Liebesgeschichte

rütten & loening

ISBN 978-3-352-00784-2

Rütten & Loening ist eine Marke der Aufbau-Verlag GmbH & Co. KG

1. Auflage 2010

Einbandgestaltung morgen, Kai Dieterich
Druck und Binden CPI Moravia Books, Pohořelice
Printed in Czech Republic

www.aufbau-verlag.de

1. Kapitel

»Ich habe Angst!« Das Mädchen starrte Sina aus weitaufgerissenen Augen an. Marie hieß es und erwartete sein erstes Kind. Sina warf einen schnellen Blick auf das Krankenblatt. Himmel, die Kleine war erst sechzehn! Nur wenig älter als sie selbst an dem Tag, an dem ihre Welt zusammengebrochen war. Zehn Jahre war das jetzt her, aber noch immer schien es ihr, als sei alles erst gestern geschehen. Damals musste sie von einem Moment auf den anderen erwachsen werden, genau wie jetzt dieses junge Mädchen, nur aus anderen Gründen.

Marie stieß einen schrillen Schmerzenslaut aus, und Sina konzentrierte sich ganz auf die blutjunge Patientin. »Immer mit der Ruhe und schön tief atmen.«

»Ich will einen Arzt! Warum kommt denn keiner?«

»Nur keine Sorge. Wenn es so weit ist, geht's in den Kreißsaal, und dann ist auch ein Arzt zur Stelle.«

Was eigentlich gar nicht nötig wäre, fügte sie in Gedanken hinzu. Sina war schließlich eine ausgebildete Hebamme und konnte sehr gut ein Kind auch allein auf die Welt holen. Aber an der Geburtsklinik Sankt Marien erwarteten die Patientinnen hundertprozentige medizinische Versorgung.

Manchmal träumte Sina von einem Leben als freie Hebamme, am liebsten auf dem Lande, wo sie selbständiger arbeiten könnte. Aber an der Klinik hatte sie ihr festes

Einkommen, und das war wichtig für jemanden, der ganz allein auf der Welt war.

»Es tut so weh!« Die nächste Wehe rollte über Marie hinweg. »Kann ich nicht etwas haben? Bitte! Irgendein Schmerzmittel.«

Sina seufzte. Bei Marie waren keine Komplikationen zu erwarten, außer ihrer übergroßen Furcht. Die Herztöne des Babys waren stark und regelmäßig, seine perfekte Schädellage versprach eine normale Geburt. »Wo ist denn dein Freund?«, fragte Sina, um sie abzulenken. »Er sollte heute bei dir sein.«

»Der? Pah! Der hat mich sitzenlassen, als ich ihm gesagt hab, dass ich schwanger bin.« Tränen sammelten sich in Maries Augen.

Na, prächtig, dachte Sina. Das habe ich ja gut hingekriegt. Wieder schweiften ihre Gedanken in die Vergangenheit ab. Auch sie war damals verlassen worden. Von ihrem besten Freund, zu einer Zeit, als sie ihn am meisten brauchte.

Verdammt! Was war denn heute mit ihr los? Warum musste sie ständig an früher denken? Das konnte nur an ihrer Müdigkeit liegen. Ihr Nachtdienst war schon zu Ende gewesen, als Marie eingeliefert wurde. Und weil sonst niemand verfügbar war, blieb Sina auch nach dem Schichtwechsel bei ihr.

»Bin gleich wieder da«, sagte sie, ging ins Bad und ließ kaltes Wasser über ihre Handgelenke laufen. Aus dem Spiegel schaute ihr ein schmales Gesicht mit tiefen Ringen unter den grauen Augen entgegen. »Unwettergrau«, hatte Federico mal behauptet und sich von ihr einen schmerzhaften Hieb in den Bauch eingefangen.

»Meine Augen sind so schön und glänzend wie regennasser Basalt«, hatte sie ihn dann berichtigt.

»*Eh*, wie poetisch. Das muss ich mir merken.« Er war auf sie zugekommen, groß und kräftig, mit einem spöttischen Lächeln auf den Lippen, und …

O Gott! Schon wieder! Sina stöhnte leise auf. Sie musste vergessen, endlich vergessen. Doch wie sollte das gelingen, wenn der Mensch, der gegangen war, einen Teil des eigenen Herzens mitgenommen hatte?

Aus dem Krankenzimmer drang eine laute Stimme zu ihr ins Bad. »Hallo! Ist hier niemand? Wieso muss meine Tochter mutterselenallein in diesem Zimmer liegen?«

»Ich bin hier«, sagte Sina und war mit wenigen Schritten wieder am Bett.

»Das wurde aber auch Zeit! Was erlauben Sie sich? Sie können doch mein Kind nicht allein lassen!« Die Frau war von imposanter Größe, gut gekleidet und offenbar daran gewöhnt, Befehle zu erteilen. »Sie schaffen jetzt auf der Stelle kompetentes Personal herbei. Haben Sie überhaupt schon eine Ausbildung?«

Sina knirschte mit den Zähnen. Sie wusste, dass sie auf viele Menschen sehr jung wirkte, und ihre kleine Statur tat ein Übriges.

Ohne die Frau einer Antwort zu würdigen, machte sie sich am Herzton-Wehen-Schreiber zu schaffen. »Wenn du dich stark genug fühlst, solltest du jetzt ein bisschen auf dem Flur umhergehen«, sagte sie dann zu Marie.

»Sind Sie verrückt geworden? Mein Häschen kann doch nicht durch die Gegend hopsen, wenn jeden Moment das Baby kommt! Sehen Sie denn nicht, wie Sie leidet?«

Dein Häschen wäre gar nicht in diese Situation gekommen, wenn du als Mutter ein bisschen besser aufgepasst hättest, dachte Sina böse. Aber bevor sie etwas erwidern konnte, was sie später möglicherweise bereut hätte, wurde die Tür geöffnet, und die leitende Hebamme Helga Warnecke kam herein. »Ich löse dich ab, Sina. Höchste Zeit, dass du Feierabend machst.«

»Hoffentlich sind Sie ein bisschen kompetenter«, sagte Maries Mutter. »Die Kleine hier wollte von meiner Tochter verlangen ...«

»Ich verbitte mir diesen abfälligen Ton gegenüber meiner Mitarbeiterin!« Helgas Ton war scharf und wirkte sofort. Selbst Marie vergaß zu jammern.

Lächelnd verließ Sina das Krankenzimmer.

»Häschen? Sie hat ihre Tochter wirklich Häschen genannt?« Kerstin lachte laut heraus, und nun, da der Stress von ihr abgefallen war, konnte Sina mitlachen. Die beiden Kolleginnen saßen zusammen in der Cafeteria der Klinik. Sina trank ein Latte Macchiato, bevor sie nach Hause fuhr, Kerstin machte sich mit einem doppelten Espresso fit für den Tagesdienst. Jetzt griff sie nach einem Tütchen mit Süßstoff, überlegte es sich aber noch anders und ließ zwei Zuckerwürfel in ihre Tasse fallen. »Nur gut, dass die Warnecke ihr gleich ordentlich die Meinung gegeigt hat.«

Sina nickte und fragte dann: »Diät beendet?«

Kerstin war ein Jahr jünger als Sina und kaum größer als sie. Aber im Vergleich zu der viel zu dünnen Freundin kämpfte sie seit der Pubertät mit ihrem Gewicht. Es gab keine Abmagerungskur, die sie nicht schon ausprobiert hätte, und sie hatte in ihrem Leben schon mehr Diäten abgebrochen als andere Frauen von Mitte zwanzig Beziehungen beendet hatten.

»Der Mensch braucht einfach seine Zuckerration. Irgendwie muss ich ja meinen Single-Frust kompensieren. Wenn allerdings ein gewisser göttlicher Doktor endlich von seinem Olymp herabsteigen würde und …«

»Achtung«, raunte Sina ihr zu. »Da steigt er gerade herab.«

Beladen mit einem Frühstückstablett, auf dem sich ein halbes Dutzend duftende Hörnchen stapelte, schlängelte sich Dr. Florian Weiß durch die Tische direkt auf sie zu. Er war Ende zwanzig, Assistenzart und genoss die Aufmerksamkeit sämtlicher weiblichen Angestellten von Sankt Marien. Was eindeutig daran lag, dass er mit seiner Sportlerfigur, den stets ein wenig verwuschelten blonden Locken und seinem besonderen, leicht verträumt wirkendem Blick nicht wie ein Arzt aussah. Eher wie ein Schauspieler, der einen Doktor verkörperte. Die jüngeren Frauen in der Klinik schmachteten ihn an, die älteren entwickelten mütterliche Gefühle, dazwischen gab es eine Art Grauzone mit Hebammen, Krankenschwestern und sogar Ärztinnen, die sich nicht recht entscheiden konnten, zu welcher Gruppe sie gehören wollten.

»Wie reizend«, sagte er. »Die Damen Paulsen und Gercke.« Er schaute von Sina zu Kerstin. »Darf ich um die Ehre bitten, mich zu euch zu setzen?«

»Darfst du«, fuhr ihm Kerstin ins Wort. »Aber nur, wenn du nicht so geschwollen rumschwafelst.« Sie atmete tief ein und deutete auf die Hörnchen. »Willst du die alle alleine aufessen?«

»Natürlich nicht. Bedien dich.«

Sein Blick kehrte zu Sina zurück, und sie bemerkte die stille Sehnsucht darin. Augenblicklich versteifte sie sich. Florian war ein netter Kerl, aber sie empfand nichts für ihn.

»Magst du auch etwas essen? Du siehst ziemlich müde aus.«

»Nein, danke«, entgegnete sie schnell. »Ich habe keinen Hunger.«

»Sina hat *nie* Hunger«, sagte Kerstin mit vollen Backen. »Und ganz besonders nicht, wenn ...«

»Kerstin!«

»Ups! 'tschuldigung.«

»Wenn?«, hakte Florian nach. »Gibt es da ein süßes Geheimnis, das ich kennen sollte?«

»Quatsch.« Sina wurde rot und warf ihrer Kollegin einen scharfen Blick zu. »Ich ...«

Genau in diesem Moment ging Florians Piepser los. »Verflucht. Immer wenn es interessant wird. Tut mir leid, Mädels, ich muss.« Er trank schnell einen Schluck Orangensaft, stopfte sich ein halbes Hörnchen in den Mund und verließ im Laufschritt die Cafeteria.

»Schau dir bloß diesen unglaublich breiten Rücken an«, sagte Kerstin laut seufzend. »Es ist eine Schande, so etwas Prachtvolles unter einem weißen Kittel zu verstecken.«

Sina schwieg. Sie war der Freundin immer noch böse.

Ein weiteres Gebäckstück wanderte auf Kerstins Teller. »Ich habe mich doch schon entschuldigt. Ist mir halt so rausgerutscht. Und was hätte ich schon verraten können? Ich weiß doch selbst nichts. Nur, dass dir immer dann der Appetit vergeht, wenn du an deinen Verflossenen denken musst.«

»Federico ist nicht mein Verflossener!«, rief Sina so laut, dass sich an den Nachbartischen ein paar Leute umdrehten. »Er ist ... er war viel mehr als das«, fügte sie leise hinzu.

»Ach so«, meinte Kerstin, die gar nichts verstand.

Sina traf eine Entscheidung. »Komm heute Abend zu mir. Wir bestellen uns Pizza, und dann erzähle ich dir alles über Federico.«

»Pizza klingt gut«, erwiderte Kerstin, aber ihr war anzusehen, dass ihre Neugierde diesmal größer war als ihre Esslust.

Dottore Federico Bergmann verließ das Hotel Bellavista bei Portisco am südlichen Zipfel der Costa Smeralda und lief in Richtung Parkplatz. Doch kurz bevor er sein Auto erreichte, bog er ab, folgte einem Pfad durch einen kleinen Pinienhain und erreichte kurz darauf die Küste. Nur fünf Minuten, dachte er und sah hinaus auf das glasklare, smaragdgrüne Mittelmeer, auf dem am Horizont weiße Segelyachten tanzten. Nur fünf Minuten Pause von nervösen deutschen Touristinnen, die seine Hilfe brauchten. Seit zehn Jahren praktizierte er jetzt als Frauenarzt auf Sardinien, und obwohl seine Mutter Eleonora aus Olbia stammte, hatte er sich seinen guten Ruf unter den Einheimischen hart erarbeiten müssen. Die meisten seiner Patientinnen kamen nach wie vor aus der alten Heimat.

Die alte Heimat. Federico ballte unbewusst die Fäuste. Er hatte gehofft, mit den Jahren könnte er vergessen. Er hatte sich getäuscht. Deutschland, München und vor allem die kleine Stadt in Niedersachsen, in der er studiert hatte, würden immer seine Heimat bleiben, sosehr er sich auch bemühte, auf Sardinien Wurzeln zu schlagen. Federico war in Deutschland geboren und hatte die Insel als Kind nur in den Ferien besucht. Aber als er sich entschloss, für immer auf Sardinien zu leben, hatte er geglaubt, inmitten einer traumhaft schönen Natur und im Kreise warmherziger Menschen schnell heimisch zu werden.

Ein Irrtum, wie er bald zugeben musste. Die weißen Sandstrände, die abgeschiedenen Buchten und der hohe Himmel über dem klaren Wasser gehörten irgendwann zu seinem

Alltag, und die Menschen waren anfangs alles andere als warmherzig. Insulaner eben, eine geschlossene Gesellschaft. Fremde waren hier als zahlende Touristen willkommen, aber nach der Saison blieb man unter sich, so, wie es seit Jahrtausenden üblich war. Ein Mann aus Deutschland war zunächst einmal ein Fremder, selbst wenn seine Mutter Sardin war. Zumal er nur wenig Italienisch und gar kein Sardisch sprach. So einem eingebildeten Tedesco trauten die Leute erst einmal nicht über den Weg. Aber mit den Jahren war es besser geworden, und Federico hatte sogar ein paar lockere Freundschaften geknüpft. Nur, wirklich heimisch fühlte er sich nicht.

Der Mistral, ein scharfer Wind aus Nordwest, den sie hier Maestrale nannten, fuhr ihm durchs Haar. Er fegte den Duft nach Thymian, Rosmarin und Oleander fort und brachte das Versprechen nach schweren Wolken und Regen mit.

Federico dachte an ein junges Mädchen im fernen Deutschland. Er sah wieder die großen unwettergrauen Augen vor sich, am Anfang voll kindlicher Zuneigung, später voller Liebe und schließlich beinahe schwarz vor Enttäuschung – und er begriff erst in diesem Moment die Wahrheit: Seine Heimat, das war kein Land und keine Stadt. Seine Heimat war Sina Paulsen, und er hatte sie schon vor langer Zeit verloren, als er sie bitter enttäuscht hatte.

Federico Bergmann war ein großer, kräftiger Mann, aber als er jetzt kehrtmachte und über vertrocknete, leise knackende Piniennadeln zum Parkplatz zurückging, wirkte er schmaler als sonst, gebeugt unter der Last seiner Schuld.

In seinem Rücken peitschte der Maestrale das eben noch so ruhige Meer auf. Wellen erhoben sich und spritzten ihre Gischt in die Luft, während die Möwen kreischend ihre Nester an der nächsten Felsenklippe aufsuchten.

Hätte Federico sich einmal umgeschaut, so hätte er denken können, die Wellen wollten ihm nach, ihn einfangen und zu sich ins Wasser ziehen. Aber er warf keinen Blick zurück.

2. Kapitel

»Stell dir vor«, sagte Kerstin und ließ sich mit einem Seufzer in Sinas bequemsten Sessel fallen. »Deine kleine Patientin von heute früh hat ihr Baby in null Komma nichts auf die Welt gebracht. Die Warnecke und ich haben es nur knapp geschafft, sie überhaupt noch in den Kreißsaal zu bringen. Kaum waren wir angekommen, ging's auch schon los. Die Frau Generalin Mutter hatte gar keine Zeit mehr, noch rumzumeckern.«

Sina nickte zufrieden. Im nächsten Moment sah sie ihrer Kollegin nervös dabei zu, wie sie aufstand und zum Bücherbord ging.

»Sind das deine Eltern?«

»Ja.« Sina nahm Kerstin das Foto im Silberrahmen aus der Hand und stellte es zurück. »Sie ... sind tot.«

Manchmal wunderte sie sich darüber, wie sachlich sie inzwischen darüber sprechen konnte. Den Schmerz hatte sie weggeschlossen, an einem Ort in ihrem Innern, den sie nur manchmal aufsuchte, wenn sie allein war.

»Oh.« Kerstin machte einen Schritt zurück und sah sie dann lange an. »Wir arbeiten inzwischen seit einem Jahr zusammen und sind fast genauso lange befreundet, aber jetzt habe ich plötzlich das Gefühl, ich kenne dich überhaupt nicht.« Es lag kein Vorwurf in ihrer Stimme, nur Erstaunen.

Der Pizzabote klingelte an der Tür und verschaffte Sina eine kurze Atempause.

»Lass uns erst essen«, schlug sie vor, »dann erzähle ich dir alles der Reihe nach.«

»Okay.« Kerstin öffnete ihre Pappkarton und machte sich über ihre Salamipizza mit extraviel Mozzarella her. »Aber am meisten interessiert mich natürlich der geheimnisvolle Federico. Wenn er nicht dein Exfreund ist, wer ist er dann? Ich will alles wissen, und zwar von Anfang an.«

Sina legte ihr eigenes Pizzastück wieder zurück. Ihr Magen hatte sich zu einem harten Knoten zusammengeballt, und ihr Mund war plötzlich trocken.

Noch nie hatte sie jemandem die Wahrheit über Federico Bergmann erzählt, und nun saß Kerstin vor ihr, kaute genussvoll an ihrer Salamipizza und wartete gespannt. Sie schob ihren eigenen Pappkarton weg und holte tief Luft. »Er ist ... er war nur ein guter Freund.«

»Und deshalb wird dir jedes Mal schlecht, wenn du an ihn denkst? Das ist doch bekloppt«, meinte Kerstin auf ihre direkte Art.

»So stimmt das gar nicht.« Sina wich dem forschenden Blick der Freundin aus.

»Ach nee? Und wie war das letzte Woche bei mir zu Hause? Als im Fernsehen diese Doku über Sardinien lief? Da hast du vor lauter Übelkeit meine schönen Lasagne verschmäht, und ich musste die Riesenportion allein aufessen.«

Sina fühlte sich ertappt. Sie wusste nicht, was sie sagen sollte, also schwieg sie.

»Na gut«, fuhr Kerstin fort und leckte sich die Finger ab. »Lass mich mal aufzählen, was ich bisher weiß. Erstens, er war nur ein Freund, zweitens er lebt anscheinend auf der Insel, wo die Schönen und Reichen dieser Welt ihren Urlaub verbringen. Drittens ... Tja, das war's schon. Ein bisschen wenig, findest du nicht?«

Sina nickte. »Ich mach uns Kaffee«, sagte sie dann, um Zeit zu gewinnen, und verschwand in ihrer kleinen Küche. Als sie mit zwei dampfenden Tassen zurückkehrte, hatte Kerstin ihre Pizza verputzt und spähte gerade auf Sinas Karton.

»Bedien dich ruhig.«

»Den Teufel werde ich tun.« Kerstin nahm ihre Tasse entgegen. »Ab sofort ist wieder Diät angesagt.« Dann schwieg sie erwartungsvoll, und für Sina gab es keinen Aufschub mehr. Ihr Hals war trocken, Übelkeit stieg in ihr auf, aber plötzlich sprudelten die Worte nur so aus ihr hervor: »Ich war neun, als ich Federico zum ersten Mal gesehen habe.«

Kerstins Augenbrauen schossen in die Höhe, aber sie schwieg.

Sina räusperte sich. »Er war damals Medizinstudent und zog in unsere Mansardenwohnung. Sein Vater war Deutscher, seine Mutter Italienerin. Federico war aus München zum Studium in unsere Stadt gekommen. Meine Eltern haben ihn wie einen Sohn aufgenommen, und für mich wurde er der große Bruder, den ich mir immer gewünscht hatte.«

»Wie alt war er denn?«

»Zwanzig. Elf Jahre älter als ich. Aber das machte nichts. Er hat gern mit mir gespielt.« Sie fand selbst, dass ihre Stimme den trotzigen Klang des Kindes angenommen hatte, konnte aber nichts dagegen tun. Voller Wehmut berichtete sie der Freundin von den glücklichen Jahren mit ihrem großen »Bruder« Federico und stockte erst wieder, als sie zu dem Tag kam, an dem sich ihr Leben für immer veränderte.

»Meine Eltern sind bei einem Autounfall gestorben, als ich fünfzehn war.«

Kerstins Blick flog zu dem Foto im Silberrahmen auf dem Bücherbord.

»Verstehe«, sagte sie leise.

Sina achtete nicht auf sie, sondern sprach wie in Trance weiter: »Ohne Federico wäre ich damals … ich weiß nicht … ich hätte es nicht überlebt. Und in den Wochen danach habe ich auch gemerkt, dass ich ihn liebte. Ich fühlte mich vorher schon komisch in seiner Gegenwart, so ungefähr seit einem Jahr. Aber ich hatte nicht verstanden, was es war. Ich merkte nur, dass ich glücklich war, wenn wir zusammen waren, und dass mir etwas fehlte, wenn er nicht da war. Wahrscheinlich war ich nicht gerade frühreif, eher naiv für mein Alter. Erst nach dem Unfall wurde mir irgendwann klar, wie sehr ich ihn liebte.«

»Oh«, war alles, was Kerstin von sich gab.

»Nicht wie einen Bruder, sondern wie einen Mann. Du denkst vielleicht, ich war zu jung oder zu durcheinander, aber es stimmte wirklich, und ich habe mir meine Gefühle nicht ausgesucht.«

»Das kann niemand.«

»Was?«

Die sonst so lustige und spöttische Kerstin verzog nicht einmal die Mundwinkel. »Kein Mensch kann sich seine Gefühle aussuchen.«

Plötzlich war Sina froh darüber, dass sie endlich einmal alles erzählen konnte.

»Und wie ging es weiter?«, fragte Kerstin gespannt.

»Federico ist ein halbes Jahr lang bei mir geblieben. Er hat sogar die vorläufige Vormundschaft für mich beantragt. Aber dann kehrte eine Tante von mir aus Amerika zurück, und er hatte es plötzlich sehr eilig, mich loszuwerden. Ein paar Wochen später bekam ich von ihm eine Ansichtskarte von Sardinien. Hier.«

Sie ging zum Bord und holte einen abgegriffenen Band

mit Rilke-Gedichten heraus. Sie schüttelte das Buch leicht aus, zum Vorschein kam eine zerknitterte, von alten Tränen wellige Karte. Nur zwei Sätze standen darauf: »Verzeih mir, aber ich musste gehen. Hier auf der Insel werde ich mir eine neue Existenz aufbauen.«

»Er hat gekniffen«, meinte Kerstin. »Männer sind so. Wusstest du das nicht, Sina?«

»Inzwischen schon. Aber damals habe ich geglaubt …« Sie brach ab.

Kerstin runzelte die Stirn. »Wie er wohl ausgerechnet auf Sardinien gekommen ist?«

»Das habe ich erst sehr viel später erfahren«, sagte Sina matt. Jetzt, wo sie ihre Geschichte losgeworden war, fühlte sie sich ausgelaugt. »Zum einen stammte seine Mutter aus Olbia, zum anderen hatte es etwas mit Professor Haber zu tun.«

»Unserem Chefarzt? Der Übervater, der uns Hebammen immer seine fleißigen Bienchen nennt?«

Sina nickte. »Genau. Federico hat bei ihm studiert, und Professor Haber unterhielt irgendwelche Verbindungen nach Sardinien. Genaueres hab ich nicht rausgekriegt. Jedenfalls wusste er wohl damals von einer vakanten Stelle und hat Federico empfohlen. Das muss alles sehr schnell gegangen sein.«

»Aha«, meinte Kerstin und drehte die Karte eine Weile in den in den Händen. »Trotzdem ist an der Sache irgendetwas faul.«

Sinas Herz setzte einen Schlag aus. »Wie meinst du das? Federico hatte Angst vor der Verantwortung und hat mich im Stich gelassen. Was sollte sonst noch sein?«

Langsam legte Kerstin die Karte auf den Tisch. »Na ja«, sagte sie dann nachdenklich. »Er hatte dich doch schon erfolgreich bei deiner Tante untergebracht. Die Verantwortung war er also los. Was für einen Grund gab es dann noch, so weit weg zu ziehen? Er hätte hier in Deutschland doch bestimmt groß Karriere machen können, wie die meisten Zöglinge vom alten Haber. Also, wenn du mich fragst: Irgendein Problem hat der Typ mit *seinen* Gefühlen auch gehabt.«

Sina starrte die Freundin an. Dieser Gedanke war ihr in den ganzen Jahren noch nicht gekommen. Und was, wenn es stimmte? Wenn Federico sie auch geliebt hatte?

Ein Schluchzen drang aus ihrer Kehle, und sie schlug schnell die Hand vor den Mund.

Wie immer zu dieser Abendstunde war die Innenstadt von Olbia hoffnungslos verstopft. Touristenströme wälzten sich durch die Gassen, auf den etwas breiteren Straßen stauten sich die Autos. Federico fluchte leise vor sich hin, drückte auf die Hupe und wich einem Kleinlaster aus, der gefährlich hoch mit Obst und Gemüse beladen war. Die Sonne ging bereits unter, und rasch legte sich südliche Dunkelheit über Land und Meer. Olbia hat sich bis heute einen Provinzcharakter bewahrt, kaum ein Gebäude ist höher als zwei Stockwerke, nicht einmal an der Haupteinkaufsstraße Corso Umberto. Trotzdem hatte auch Federico in den vergangenen Jahren die rasanten Veränderungen bemerkt. Die Stadt wurde immer voller und gleichzeitig immer vornehmer. Wo vor zehn Jahren noch Kramläden gestanden hatten, entdeckte er heute Nobel-Boutiquen. Wo er einst am Hafen bei einem Glas Wein gemütlich den Tag ausklingen lassen konnte, fand er nach dem Ausbau der Promenade kein einziges ruhiges Plätzchen mehr.

Federico sehnte sich danach, wieder einmal hinaus in die Natur zu kommen und ganz für sich zu sein. Eine lange Wanderung im Supramonte, dem zerklüfteten Kalksteinmassiv an Sardiniens Ostküste, war genau das, was er jetzt brauchte, um sich zu entspannen. Er liebte diese menschenleere und wilde Gegend, deren Name genau seine Form beschrieb: ein Berg über dem anderen. Nur zu gut erinnerte er sich daran, wie er manchmal tagelang durch enge Schluchten und über weite Plateaus gelaufen war, und die einzigen Lebewesen, die er gesehen hatte, waren eine kleine Herde Mufflons gewesen und einmal, weit oben in den Lüften, einen Königsadler. Dies waren die kostbaren Momente gewesen, in denen er sich auf der Insel zu Hause gefühlt hatte. Bei Anblick eines in sich verschlungenen Wacholderbaumes oder einer jahrhundertealten Steineiche ließ die innere Zerrissenheit aus Sehnsucht und Schuldgefühl ein wenig nach, und es schien ihm, als könne er freier atmen.

Aber es war schon lange her, dass Federico Zeit für einen Ausflug gehabt hatte. Er war nun mal Arzt und kein Büroangestellter, der sich jedes Wochenende freinehmen konnte.

»Verdammt!« Federico stieg auf die Bremse. Die alte Frau, die plötzlich vor ihm aufgetaucht war, drohte ihm mit ihrem Stock, als wäre er schuld daran, wenn sie unter seinem Wagen landete. Im nächsten Moment verschwand sie, und Federico fuhr weiter. Er dachte daran, wie er vor zehn Jahren voller romantischer Vorurteile auf die Insel gekommen war. Er hatte ein friedliches Paradies erwartet und fand sich schon mitten in einer ständig wachsenden Stadt wieder.

Das Paradies entdeckte Federico erst viel später, als er Zeit fand, Sardinien zu erkunden, und sich in den Supramonte verliebte. Dort mischte sich der würzige Duft von Wacholder mit der salzigen Luft des Meeres und ließ ihn ein wenig zur Ruhe kommen.

Sein Handy klingelte und brachte ihn in die Gegenwart zurück. Er schaltete die Freisprechanlage ein und meldete sich.

»Wo bleibst du?« Lorellas Stimme drang hoch und schnell an sein Ohr. »Wir haben noch vier Patientinnen im Wartezimmer.«

Federico unterdrückte einen Seufzer und bog in eine Nebengasse ein. Hier herrschte kaum Verkehr, dafür musste er aufpassen, nicht rechts oder links an einer Hauswand entlangzuschrammen.

»Ich bin bald da«, sagte er. »Aber die Straßen sind hoffnungslos verstopft.« Seine Praxis lag direkt an der Hafenbucht, in Via Redipuglia.

»Warum nimmst du nicht eine Abkürzung?«

»Das versuche ich ja gerade. Könnte aber sein, dass ich mein Auto vorher zusammenfalten muss.« Das war ein alter Scherz zwischen ihm und seiner Sprechstundenhilfe. Lorella wettete an jedem Monatsersten, dass er im Laufe der nächsten vier Wochen mindestens eine neue Beule oder einen tiefen Kratzer in seinen alten Opel rammen würde, Federico hielt dagegen. Meistens verlor er, was in den engen Gassen der Altstadt kein Wunder war, und dann musste er seinen Wetteinsatz einlösen: ein romantisches Abendessen.

»Bene«, sagte Lorella, und er konnte förmlich sehen, wie sie breit grinste. »Es wird höchste Zeit für die erste Beule, wir haben schließlich Monatsmitte, und ich will unbedingt das neue Fischrestaurant an der Mole ausprobieren. Die sollen die besten Miesmuscheln von ganz Olbia haben, und das will was heißen.«

Auch Federico musste grinsen. »Ich versuche mein Bestes«, gab er zurück und beendete das Gespräch.

Er kam jedoch ohne Zwischenfälle und ganz ohne Beulen durch die Gassen, und als er kurz darauf freie Fahrt hatte, nahm er sich vor, Lorella auf jeden Fall bald wieder einzuladen. Seit etwas mehr als einem Jahr war sie nicht nur seine zuverlässige Assistentin, sondern auch seine Freundin. Und eine wunderschöne Frau obendrein. Als Tochter eines englischen Offiziers und einer Italienerin von der Insel war Lorella Ward groß und blond, mit den dunklen Augen ihrer Mutter und dem hellen Teint aus den Midlands. Mit Anfang dreißig stand sie in der Blüte ihrer Schönheit und besaß mehr Verehrer, als sie zählen konnte. Dummerweise liebte sie aber nur ihren Chef, und Federico wusste, dass sie die Hoffnung so leicht nicht aufgeben würde.

Er mochte sie. Sehr sogar. Und er wusste, sie würde die beste Ehefrau für ihn abgeben, die er sich nur wünschen konnte. Eine temperamentvolle Liebhaberin und eine perfekte Mitarbeiterin. Was konnte er mehr vom Leben erwarten? Manchmal war Federico schon kurz davor gewesen, ihr einen Antrag zu machen. Doch jedes Mal war er davor zurückgeschreckt, als sich ein Paar graue, vorwurfsvolle Augen in sein Gesichtsfeld geschoben hatten.

Sina – nach zehn Jahren noch immer Sina. Würden denn seine Schuldgefühle niemals vergehen? Und was war mit den anderen, den verbotenen Gefühlen? Manchmal glaubte Federico schon, das Mädchen sei für ihn inzwischen zu einer fixen Idee geworden. Konnte das sein? Hatte er sich da in etwas verrannt, das gar nicht mehr existierte? Waren seine Gefühle damals wirklich so falsch gewesen, oder hatte er Sina nicht eher nur wie ein Bruder gerngehabt?

Er schaltete in den vierten Gang und zog die Stirn in Falten. Ja, genau! Eine fixe Idee. Das war es. In Wirklichkeit empfand er nichts mehr für Sina, einzig seine Erinnerung spielte ihm manchmal noch einen dummen Streich.

Es war an der Zeit, frei zu werden. Frei für Lorella und die Bilderbuchzukunft, die ihn an ihrer Seite erwartete.

Endlich erreichte er die Via Redipuglia und hatte freie Fahrt. Federico gab Gas. Das letzte Fährschiff dieses Tages verließ die Bucht von Olbia in Richtung Civitavecchia und schickte einen lauten Gruß über das Meer. Federico wusste plötzlich, was er tun würde. Der Gedanke war ihm nicht neu, aber bisher hatte er keine Gelegenheit gehabt, ihn in die Tat umzusetzen. Er würde nach Deutschland fliegen, so bald wie möglich. Er musste Sina nur einmal wiedersehen, um sich diese fixe Idee endlich aus dem Kopf zu schlagen. Erleichterung durchflutete ihn, und er überhörte die leise Stimme, die ihn vor seinem Plan warnte.

Kurz bevor er das Gebäude aus dem 18. Jahrhundert erreichte, in dem seine Praxisräume und auch seine Wohnung untergebracht waren, klingelte erneut sein Handy.

»Ich bin fast da, Liebling«, sagte er ganz bewusst. »Und nachher machen wir uns einen schönen Abend.«

»Das freut mich«, erwiderte Martha Tommasini, eine dreiundsechzigjährige Hebamme, und lachte laut. »Aber wenn du vorher noch bei den Mareddus vorbeischauen könntest, wäre das prima. Filippas Zwillinge wollen doch ein bisschen früher als geplant auf die Welt kommen.«

Federico lief dunkelrot an und war heilfroh, dass ihn im Auto niemand sehen konnte. »In Ordnung, Martha. Gib mir zehn Minuten. Ich sage nur Lorella Bescheid, dass sie die Patientinnen in der Praxis heimschickt.«

Er hörte Marthas Lachen noch, als er die Verbindung

längst unterbrochen hatte. Dann drückte er die Schnellwahltaste für die Praxis.

Lorella nahm die Nachricht ruhig und professionell entgegen, dennoch spürte er ihre Enttäuschung. Sie würden sich heute nicht mehr sehen.

»Morgen«, versprach er schnell. »Morgen nehme ich mir den ganzen Abend frei für dich.« Federico wunderte sich nur, warum er selbst nur Gleichgültigkeit empfand.

3. Kapitel

An diesem letzten Sonntag im Monat war es ruhig auf der Entbindungsstation. Nur in Zimmer 110 lag eine vierzigjährige Patientin in den Wehen. Marisa Vignoli, eine Hamburgerin italienischer Abstammung, hatte sich ganz bewusst für die Geburtsklinik Sankt Marien entschieden und war schon vor zwei Tagen eingetroffen. Hier war im letzten Jahr ihr Neffe zur Welt gekommen, und hier sollte auch für sie alles gut gehen.

Sina und Kerstin warfen sich einen schnellen besorgten Blick zu.

»Eine Nullpara Viertgravida«, murmelte Kerstin, was übersetzt hieß: Marisa hatte bereits drei frühere Schwangerschaften hinter sich, aber noch kein Kind geboren. »Außerdem Steißlage. Und die Herztöne des Babys könnten stärker sein.«

Sina war nur hereingekommen, um zu sehen, ob ihre Kollegin Zeit für einen Kaffee hatte. Ihre eigenen Patientinnen brauchten sie im Moment nicht. Aber nun vergaß sie den Kaffee und studierte eine Weile das Krankenblatt.

»Du musst Florian anpiepsen«, sagte sie dann. »Er soll entscheiden, ob es noch eine Chance gibt, das Baby zu drehen.«

Im Grunde wussten sie beide, dass es dafür zu spät war. Trotzdem – die Regeln für Hebammen waren klar. Bei jeder Art von Komplikation musste augenblicklich der diensthabende Arzt hinzugezogen werden.

»Hab ich schon.« Ein schnelles Aufleuchten in Kerstins Augen ließ Sina leise aufseufzen. Ausgerechnet in den Schwarm der gesamten Klinik hatte sich Kerstin verliebt, und um die Dinge noch komplizierter zu machen, suchte Florian neuerdings Gelegenheiten, um mit Sina allein zu sein. Dabei interessierte sie sich nicht im Geringsten für ihn. In ihrem Herzen war kein Platz für einen anderen Mann, seit Federico ... Nein! Falsch! In ihrem Herzen war für überhaupt keinen Mann Platz.

Sina ging zum Fenster und sah hinaus. Der Sommer in Norddeutschland glich in diesem Jahr eher einem Spätherbst. Nur selten wagte sich ein Sonnenstrahl zwischen den grauen Wolken hervor, und hier und da fielen schon die Blätter von den Bäumen. Ganz so, als hätte sie es aufgegeben, auf Besserung zu hoffen. Den Menschen erging es ähnlich. Sie holten gefütterte Regenjacken aus den Schränken und ließen die Gummistiefel gleich im Flur stehen. Und niemand sprach zurzeit vom Klimawandel. Sina fragte sich, wie es wohl sein musste, das ganze Jahr an einem Ort zu leben, an dem es nur selten mal kalt wurde.

Eine Weile stand sie dort am Fenster und vergaß alles andere um sich herum, bis Kerstin ihr auf die Schultern tippte.

»Nun lass mal deinen Sardinien-Blick gut sein und komm mir helfen.« So nannte es Kerstin, wenn Sina in Gedanken weit weg war, und sie ließ es nicht zu, dass Sina diese traurige Miene aufsetzte. Besonders, seit die Freundin ihr die ganze Geschichte über Federico Bergmann erzählt hatte.

Gemeinsam traten die beiden jungen Hebammen zurück ans Bett der Patientin, und während Kerstin der Patientin den Puls fühlte, kontrollierte Sina die Öffnung des Muttermundes.

»Da fehlt nicht mehr viel«, sagte sie und lächelte Marisa aufmunternd zu. »Sie werden ein prächtiges Baby bekommen.«

Mit geübten Handgriffen bereiteten Sina und Kerstin ihre Patientin für den Transport zum Kreißsaal vor. Beiden war klar, dass ein Kaiserschnitt immer wahrscheinlicher wurde.

»Wo Florian bloß bleibt«, zischte Kerstin leise Sina zu, als sie schon das Bett über den Gang schoben.

Genau in diesem Moment kam der junge Assistenzarzt um die Ecke geflitzt. Er ließ sich von Kerstin über den Zustand von Mutter und Kind unterrichten, sah dabei aber nur Sina an. Sie bemerkte, wie Kerstins hoffnungsfrohes Lächeln verrutschte, und hätte ihr am liebsten zugeflüstert: »Ich kann nichts dafür. Ich will gar nichts von ihm.« Doch für so etwas war jetzt keine Zeit.

Auch Florian konzentrierte sich ganz auf die Aufgabe, die vor ihm lag. Er bestellte übers Handy einen Narkosearzt in den Kreißsaal und verkündete knapp: »PDA und Sectio.«

»Doktor«, bat Marisa, als sie ihr Ziel erreicht hatten. »Können wir nicht bitte auf meinen Mann warten? Er ist vor einer Stunde losgefahren und müsste bald da sein.«

Florian griff kurz nach ihrer Hand. »Keine Sorge. Bis die Epiduralanästhesie wirkt, vergehen mindestens dreißig Minuten. Wenn Ihr Mann Glück hat, kann er beim Kaiserschnitt dabei sein.«

Marisa nickte dankbar. Für Sina gab es nichts mehr zu tun, und sie zog sich vom OP-Tisch zurück. Jetzt arbeiteten der Narkosearzt, eine Schwester, Kerstin und Florian zusammen.

Sie würden ein tolles Paar abgeben, dachte Sina noch,

bevor sie den Kreißsaal verließ, aber der dumme Dr. Weiß ließ sich ja lieber von der Schönheit anderer Frauen blenden und machte sich nicht einmal die Mühe, Kerstins gutes Herz zu entdecken. Letzten Monat hatte er eine hellblonde Schwester aus der Neugeborenen-Station erobert und sich ein paar Tage lang in seinem Erfolg gesonnt. Bis er sich schon wieder gelangweilt hatte und anfing, sich ausgerechnet für Sina zu interessieren.

Sie schüttelte den Kopf und lief über den Gang zurück zum Schwesternzimmer. Was wollte er bloß von ihr? Sie war weder besonders attraktiv noch in irgendeiner Weise interessant.

Sina unterdrückte ein Seufzen. Sie beschloss, so bald wie möglich mit ihm zu reden. Auf keinen Fall durfte sich Florian falsche Hoffnungen machen.

Dr. Florian Weiß ließ sich aus dem grünen Kittel helfen und warf Kerstin einen zufriedenen Blick zu. »Es war die richtige Entscheidung. Eine natürliche Entbindung hätte das Baby nicht überlebt. Es war viel zu schwach.«

Piero Renato Gabriele Fabio Mauro Vignoli lag jetzt auf der Frühchenstation, wo er, benannt nach fünf starken männlichen Vorfahren, beste Aussichten auf eine gesunde Entwicklung hatte.

»Du hast das sehr gut gemacht.« Kerstin sah zu Boden, aber er entdeckte trotzdem die leichte Röte auf ihren Wangen.

Verdammt! dachte er. Schon wieder eine. So langsam war er es leid, dass sich offenbar sämtliche weibliche Wesen der Klinik in ihn verliebten. Wenn sie zart und hübsch waren wie Sina und dazu noch ein Paar geheimnisvolle graue Augen besaßen, mochte das ja angehen. Aber jemand wie

Kerstin Gercke? Zu füllig, zu laut und dann auch noch mit praktischem Kurzhaarschnitt. Also bitte!

Er wandte sich genervt ab. Frauen konnten manchmal ganz schön lästig sein. Wobei Florian, seit er hier an der Geburtsklinik arbeitete, seine Meinung über das schöne Geschlecht auch radikal überdacht hatte. Mit wie viel Tapferkeit und Mut die Patientinnen schlimmste Schmerzen ertrugen und schwere Momente überstanden, das rang ihm Hochachtung ab. Zum Beispiel Marisa Vignoli eben. Die Frau hatte drei Fehlgeburten hinter sich, war vierzig Jahre alt und hatte trotzdem nicht die Hoffnung aufgeben, Mutter zu werden. Sie hatte im Kreißsaal alles über sich ergehen lassen, nur mit dem einen Ziel: ihren Sohn auf die Welt bringen. Der werdende Vater hatte vor Angst gezittert, aber Marisa war ganz ruhig geblieben. Bewundernswert!

Während er nun wieder in sein winziges Büro ging, kehrten seine Gedanken zu Sina zurück. Sie trug irgendein Geheimnis mit sich herum, vermutlich machte sie das so anziehend. Er hatte Gerüchte gehört, wusste aber nichts Genaues. Ob sie ein gebrochenes Herz hatte? Nun, er war kein Kardiologe, aber bestimmt konnte er da etwas tun. Florian lächelte zuversichtlich und widmete sich wieder den leidigen Papieren auf seinem Schreibtisch, von denen ihn der Notruf vorhin weggeholt hatte.

Martha Tommasini wusch sich sorgfältig die Hände und ließ sie dann an der Luft trocknen. »Also? Was sagst du?«

Federico hörte sie nicht. Er stand auf dem winzigen Küchenbalkon, dem einzigen in der Wohnung der Familie Mareddu, der zum Hafen und zum Meer hinausging, und ließ seinen Blick über die heute mehr blaue als türkisfarbene Bucht wandern. Nach all den Jahren überraschte es ihn noch immer, wie das Mittelmeer seine Farbe ändern konnte. Die Costa Smeralda einige Kilometer weiter im Norden trug ihren Namen zu Recht, meistens lag ein smaragdfarbener Schimmer über dem Wasser. Aber manchmal, so wie heute, schien hier in der Bucht von Olbia ein freches Götterkind seinen tiefblauen Farbeimer vom Himmel gekippt zu haben.

Martha zupfte ihn am Ärmel. »Die Zwillinge machen sich prächtig, nicht?«

Keine Reaktion.

Vor einer Woche hatten sie gemeinsam Filippa Mareddu bei der Geburt ihrer beiden kleinen Mädchen geholfen, heute war Federico zur Nachuntersuchung gekommen.

Martha sah ihn an und übte sich in Geduld. Sie kannte das ja schon. Er war ein hervorragender Arzt, und das konnte Martha nach mehr als vierzig Berufsjahren als Hebamme sehr wohl beurteilen. Aber manchmal hatte er eben diese kleinen Aussetzer. Dann stand er irgendwo draußen, richtete seinen Blick aufs Meer und war vorübergehend nicht ansprechbar. Schon oft hatte sie sich gefragt, was mit ihm los war. Als er vor zehn Jahren auf die Insel kam, war er in keiner guten Verfassung gewesen. Etwas lastete schwer auf seiner Seele, das hatte Martha schnell bemerkt. Eine Schuld vielleicht. Aber da war auch noch mehr. Eine unerfüllte Sehnsucht? Aber was konnte einen jungen Mann von Mitte zwanzig schon so schwer zu schaffen machen? Er hatte sein ganzes Leben doch noch vor sich.

Das eine oder andere Mal hatte Martha damals versucht, ihn zum Reden zu bringen. Aber Federico sprach nie über seine Vergangenheit. Auch nicht, als sie ihm sagte, dass sie aus derselben kleinen Stadt in Niedersachsen stammte wie er. Im Gegenteil, danach verstummte er nur noch mehr. Er übernahm die Praxis von Marthas schwerkrankem Mann Nino Tommasini und arbeitete von Anfang an hart.

Als Nino wenige Wochen nach Federicos Ankunft auf Sardinien starb, vergaß Martha in ihrer grenzenlosen Trauer die Probleme des jungen Arztes. Mit den Jahren gewöhnte sie sich an seine stillen Momente, aber in letzter Zeit hatte sie den Eindruck, dass ihn eine neue Unruhe plagte. Sie vermutete, das hatte etwas mit Lorella zu tun. Federicos bezaubernde Sprechstundenhilfe war fest entschlossen, ihn zu heiraten, und rechnete täglich mit seinem Antrag. Martha mochte Lorella, aber sie war auch eine lebenserfahrene Frau, und sie ahnte, da lag noch etwas im Argen, das gelöst werden musste, falls es eine Zukunft für Federico und Lorella geben sollte.

Endlich kehrte sein Blick aus der Ferne zu ihr zurück, ins Hier und Jetzt. »Ja«, sagte er. »Die kleinen Mädchen machen sich gut, aber die Mutter ist erschöpft. Ich werde ihr ein Stärkungsmittel verordnen, außerdem soll sie Fertigmilch zufüttern. Wenn sie beide voll stillt, laugt sie das zu sehr aus.«

Martha nickte. Sie teilte seine Meinung. Filippa Mareddu hatte noch zwei ältere Kinder, die sie brauchten, und die Zwillinge raubten ihr im Augenblick ihre ganze Kraft. »Ich werde versuchen, eine Pflegerin zu finden«, erklärte sie. »Wenigstens stundenweise, damit sie ein wenig entlastet wird.«

»Tue das.« Federico verließ mit einem langen Schritt den Balkon und nahm dankbar das Glas Wasser entgegen, das Martha ihm reichte. Dann hob er seinen Arztkoffer hoch und ging zur Haustür.

Die Hebamme würde noch bei Filippa bleiben, während er zurück in die Praxis fuhr. »Übrigens«, sagte er, schon an der Tür. »Es könnte sein, dass ich für ein, zwei Wochen wegmuss. Ich werde Giovanni bitten, mich solange zu vertreten.«

Giovanni Carifano war ein Allgemeinmediziner römischer Herkunft. Er und Federico halfen einander manchmal aus.

»In Ordnung«, erwiderte Martha überrascht. »Ich habe gar nicht gewusst, dass du Urlaub nimmst. Hast du etwas Bestimmtes vor?«

»Ich werde ... ich muss nach Deutschland fliegen. Es ist dringend.«

Martha runzelte die Stirn. Sie verstand überhaupt nichts. »Und wann?«

»Ich denke, übermorgen.« Damit ging er hinaus und schloss leise die Tür, um die Babys nicht zu wecken.

»Du hast dich verhört.« Lorella sortierte ein paar Patientenkarten in den Karteikasten und warf Martha dann einen zweifelnden Blick zu. »Federico fährt nicht weg. Das wüsste ich doch. Er ist schließlich mein Freund, und er erzählt mir immer alles, was er plant.«

Martha hätte sich auf die Lippen beißen mögen. Verflixt! Warum hatte sie bloß ihren Mund nicht halten können!

Sie war noch kurz in die Praxis gekommen, weil sie hoffte, von Lorella nähere Informationen zu bekommen, aber Federicos Freundin wusste offenbar selbst noch weniger als sie.

»Ja, wahrscheinlich. Ich habe da was falsch verstanden«, sagte sie schnell.

Aber Lorellas Blick ließ sie nicht los. »Nach Deutschland, sagst du?«, fragte sie alarmiert. »Er will nach Deutschland fliegen? So plötzlich?«

Martha hob die Schultern. »Sieht so aus. Mehr weiß ich auch nicht.«

»Wozu? Seine Eltern kommen ein paar Mal im Jahr aus München her, um ihn zu besuchen. Sonst hat er da niemanden mehr. Freunde …« Sie stockte plötzlich, und Martha ahnte, dass Lorella sich mindestens ebenso viele Gedanken über Federicos Vergangenheit gemacht hatte wie sie selbst.

»Es ist besser, er fährt nicht«, schloss Lorella und kniff die Lippen zusammen. Sie wirkte auf einmal sehr entschlossen.

»So«, meinte Martha misstrauisch. »Und wie willst du das verhindern?«

Lorella wandte sich wieder den Patientenkarten zu und tat, als hätte sie die Frage nicht gehört.

»Lorella!«

»Che c'è?«

»Ich will wissen, was du vorhast.«

»Ich? Nichts. Wie kommst du darauf? Ich finde es nur besser, wenn Federico hier bei uns bleibt. Du etwa nicht?«

»Schon«, meinte Martha vorsichtig.

Lorella warf ihr ein schnelles unechtes Lächeln zu. »Dann sind wir uns ja einig.«

4. Kapitel

»Du solltest dir mal überlegen, was du eigentlich willst.« Kerstin tauchte ihren Löffel in die heiße Erbsensuppe, führte ihn zum Mund, ließ ihn dann aber wieder sinken. »Bisher habe ich gedacht, du interessierst dich nicht für Florian.«

»Was soll das?«, fragte Sina. »Florian ist ein guter Arzt und ein netter Kerl. Ich mag ihn. Was ist falsch daran?«

Die beiden jungen Hebammen aßen gemeinsam in der Cafeteria von Sankt Marien. In dieser Woche hatten sie wieder zusammen die Tagesschicht übernommen. Normalerweise freute sich Sina, wenn sie mit Kerstin zusammenarbeiten konnte, aber jetzt wünschte sie sich plötzlich, sie hätte sich doch wieder für die Nacht eintragen lassen. Die Schicht von zehn Uhr abends bis sechs Uhr in der Früh war zwar anstrengender und zerstörte für eine ganze Weile ihren Schlafrhythmus. Aber erstens verdiente sie besser, und zweitens konnte sie Kerstin dabei aus dem Weg gehen. Nie hätte Sina gedacht, dass sie sich so etwas einmal wünschen würde.

Dass nun ausgerechnet ein Mann, der Sina nichts bedeutete, ihre Freundschaft zerstören sollte, das wollte ihr nicht in den Kopf.

Aber war das wirklich die ganze Wahrheit? Wenn Sina ganz ehrlich war, dann fühlte sie sich durch Florians Aufmerksamkeit geschmeichelt. Doch das konnte sie Kerstin unmöglich gestehen.

Sie schob ihren eigenen Suppenteller beiseite und griff nach dem Obstsalat. Dann sah sie Kerstin an. »Florian interessiert mich nicht. Ich schwör's dir.« Sie gab sich alle Mühe, aufrichtig zu klingen, und hoffte, die Freundin würde ihr glauben.

Aber Kerstin schien nicht überzeugt. Die sonst so lebenslustige junge Frau wirkte bedrückt.

Sie liebt ihn wirklich, dachte Sina plötzlich. Seit ich sie kenne, ist sie zum ersten Mal richtig verliebt. Denn was hatte dieser träumerische Blick in den Augen einer Frau zu suchen, die sonst alles und jeden mit ihrem fröhlichen Spott belegte?

Sina fühlte sich hilflos. Sie wollte niemandem wehtun, aber sie fragte sich auch, ob Florian sich überhaupt je für Kerstin interessieren würde. Er konnte doch wirklich jede Frau haben. Und erst vor einer Stunde hatte er Sina auf dem Stationsflur abgepasst und wollte sie zum Mittagessen einladen. Sina hatte abgelehnt. Florian war ihr mit einem schnellen Schritt sehr nahe gekommen, und fast hatte sie befürchtet, er wollte sie küssen. Sie konnte den herben Duft seines Rasierwassers riechen, und tausend unsichtbare Ameisen krabbelten über ihre Haut. Es war so lange her, dass sie zuletzt geküsst worden war. Drei, nein, vier Jahre. Damals hatte sie den ernsthaften Versuch unternommen, mit Philipp, einem Krankenpfleger, eine Beziehung aufzubauen. Sie scheiterte kläglich, und nach einigen Monaten musste sie Philipp erklären: »Ich liebe dich nicht.«

»Warum?«, hatte er verletzt gefragt. »Gibt es einen anderen?«

»Nein.« Aber das war nur die halbe Wahrheit gewesen. Sie konnte ihm doch unmöglich sagen, dass sich ihre Gedanken immer noch um einen Mann drehten, den sie seit ihrem sechzehnten Lebensjahr nicht mehr gesehen hatte.

Als Florian schon ganz nah war, kam Kerstin aus einem Krankenzimmer, und der Ausdruck ihrer Augen wechselte rasch von Freude über Erstaunen bis zu maßloser Enttäuschung. Sie sagte nichts, sondern verschwand schnell wieder, aber Sina fühlte sich plötzlich, als hätte sie einen schweren Betrug begangen. Sie stieß Florian von sich weg, ging Kerstin nach und bat sie, mit ihr in die Cafeteria zu kommen, damit sie sich aussprechen konnten.

»Florian bedeutet dir also nichts?«, fragte Kerstin jetzt misstrauisch. »Bist du dir da sicher? Ich hatte vorhin einen anderen Eindruck. Ihr ward kurz davor, euch leidenschaftlich in die Arme zu fallen.«

Sina holte tief Luft. »Quatsch! Ich weiß doch auch nicht, was plötzlich mit ihm los ist. Bis vor zwei oder drei Wochen hat er sich ganz normal benommen, Und nun stellt er mir nach. Was soll ich bloß machen? Meinst du, es würde helfen, mal ernsthaft mit ihm zu reden?«

Immerhin, sie erreichte, dass die Freundin sich entspannte. Mit neuem Appetit säbelte Kerstin das Würstchen in ihrer Suppe klein und aß in Windeseile ihren Teller leer. Dann trank sie in langsamen Schlucken ihren Fruchtsaft und dachte mit gerunzelter Stirn angestrengt nach.

»Das ist keine gute Idee«, sagte sie endlich. »Wenn du Florian um ein Gespräch bittest, denkt er doch erst recht, du wärst an ihm interessiert. Du musst ihn einfach ignorieren.«

Sina seufzte. »Wenn das nur so einfach wäre. Ich habe den Verdacht, er richtet seinen eigenen Dienstplan schon nach meinem aus. Was findet er bloß an mir?« Sie griff über den Tisch nach der Hand der Freundin. »Ich bin nun wirklich keine besondere Schönheit. Außerdem müsste er doch merken, dass mein Herz …« Sie brach ab. Fast hätte sie gesagt: dass mein Herz nicht frei ist. Aber das war Unsinn. Niemals würde sie Federico verzeihen können. Falls sie überhaupt noch etwas für ihn empfand, so war das Hass.

»Irrtum.« Kerstins Stimme nahm einen traurigen Klang an. »Du bist wunderschön, Sina. So zart und geheimnisvoll wie eine Elfe. Ganz im Gegensatz zu mir.«

Auf einmal musste Sina kichern. Kerstin zögerte, dann lachte sie laut heraus, und schon mussten sich beide die Lachtränen aus den Augen wischen. Es dauerte lange, bis sie sich wieder beruhigt hatten, und dann war es Zeit, zurück auf Station zu gehen.

Die Harmonie zwischen ihnen war wiederhergestellt, doch Sina hatte ein schlechtes Gewissen. Sie nahm sich vor, einmal mit Florian zu reden. Sie musste herausfinden, ob er etwas für sie empfand, und sie musste ihre eigenen Gefühle besser verstehen.

Aber in den nächsten Stunden ging es hektisch zu auf der Entbindungsstation. Eine vierfache Mutter türkischer Abstammung wurde eingeliefert, und sie brachte innerhalb von einer halben Stunde einen gesunden Jungen zur Welt. Daraufhin veranstaltete die Großfamilie auf dem Flur ein spontanes Fest, war doch nach vier Töchtern endlich ein Stammhalter geboren. Sina und Kerstin wurden eingeladen, mitzufeiern, aber sie schüttelten den Kopf und mussten schließlich den Sicherheitsdienst rufen, damit alle bis auf den Vater freundlich herausgeschafft wurden.

In der Zwischenzeit spitzte sich die Situation bei einer Erstgebärenden zu. Sabrina Wiet war fünfunddreißig Jahre alt und gehörte zu der immer größer werdenden Gruppe von Frauen, die erst an die Karriere dachten und später an Kinder. Sina kümmerte sich um sie, aber sie musste schon bald Florian hinzurufen.

»Panik«, raunte sie ihm zu.

So etwas kam immer mal wieder vor. Kluge, tapfere Frauen, die angesichts der bevorstehenden Schmerzen zu wimmernden, ängstlichen Wesen wurden. Es kostete Florian und Sina viel Überredungskraft, um die Patientin von einer PDA abzubringen. Die Epiduralanästhesie wurde in Sankt Marien möglichst nur bei einem Kaiserschnitt verabreicht, nicht auf Wunsch. Sabrina Wiet gab sich schließlich geschlagen. Als sie ihre süße Tochter nach leidvollen Stunden im Arm hielt, schrieb sie mit der freien Hand eine SMS an alle Freunde und Verwandte: »Isabella ist geboren. Sie wird keine Geschwister haben.«

Sina und Florian lachten noch darüber, nachdem sie den Kreißsaal verlassen hatten. Sie fühlte sich ihm sehr nah nach diesem gemeinsamen Einsatz.

»Wenn du mir deine Handynummer gibst, könnte ich dir auch hin und wieder eine Nachricht schicken«, sagte Florian plötzlich. Er war stehengeblieben und schaute sie eindringlich an. Nichts Verträumtes war mehr in seinem Blick.

Sina sah sich um, dann zog sie ihn in ein leeres Besucherzimmer. Sofort wollte er sie in seine Arme schließen, aber sie wich zurück.

Florian stutzte. »Habe ich da etwas falsch verstanden?«

»Ich ... glaube schon.«

Sein Blick wurde unsicher. »Ich dachte, du magst mich auch.«

»Klar, Florian, das tue ich. Ich mag dich sogar sehr. Aber ...« Sie brach ab, unsicher, was sie sagen sollte. Dann nahm sie ihren ganzen Mut zusammen: »Kann ich dich etwas fragen?«

»Sicher.«

»Was bin ich für dich? Eine weitere Eroberung auf deiner langen Liste?«

Beleidigt zog er die Mundwinkel nach unten. »Du hast ja eine schöne Meinung von mir.«

»Du weißt wohl selbst am besten, was du für einen Ruf hast.«

»Ein Mann kann sich ändern. Du bist etwas Besonderes, Sina. Irgendwie geheimnisvoll. Ich würde gern hinter dein Geheimnis kommen. Es reizt mich, herauszufinden, wer du wirklich bist.« Er biss sich auf die Lippen, ahnend, dass er genau das Verkehrte gesagt hatte.

Sina atmete erleichtert auf.

Also doch, dachte sie. Ich bin für ihn nur eine Herausforderung.

Hätte er von echten Gefühlen gesprochen, wer wusste es schon, dann wäre sie vielleicht schwach geworden.

Aber nun lächelte sie ihn an, beinahe glücklich. Sie würde Kerstin nicht wehtun müssen. »Danke für deine Ehrlichkeit«, sagte sie. »Und damit das zwischen uns ein für alle Mal klar ist: Ich möchte, dass du mich in Ruhe lässt.«

Sie ging hinaus, ohne eine Antwort abzuwarten.

Nach Feierabend, als sie gemeinsam die Geburtsklinik verließen und unter dem Nieselregen zum Parkplatz eilten, hakte sich Sina bei Kerstin ein und berichtete ihr von dem Gespräch mit Florian.

Vor Schreck blieb Kerstin stehen. »Das hast du wirklich zu ihm gesagt? Er soll dich in Ruhe lassen?«

Sina nickte. »Ich denke, er hat's kapiert.« Von dem leisen Bedauern, das sie noch verspürte, sagte sie nichts.

»Oder er fühlt sich jetzt erst recht provoziert«, meinte Kerstin nachdenklich.

Die Freundinnen gingen weiter, und erst als sie schon an ihren nebeneinander abgestellten Kleinwagen angekommen waren, fuhr Kerstin fort: » Ich habe da eine Idee. Weißt du, was das Beste wäre?«

Sina schüttelte den Kopf. »Keine Ahnung. Soll ich mir einen anderen anlachen, damit Florian erkennt, wie aussichtslos die Lage ist? Ich fürchte, das würde mich im Moment überfordern.«

»Quatsch. Es reicht schon, wenn du Florian eine Weile aus dem Weg gehst. Warum verreist du nicht? Dann vergisst er bestimmt bald seine dumme Gefühlsverwirrung.«

Sina überlegte, ob sie beleidigt sein sollte, entschied sich aber dagegen.

»Hast du nicht bald Urlaub?«, fragte Kerstin, die sich für ihre Idee immer mehr begeisterte.

»Ja, sogar ganze drei Wochen. Aber ich bin nicht sicher, ob ich wegfahren kann. Du weißt ja auch, was in der Klinik los ist.«

»Blödsinn. Wir kriegen übermorgen zwei neue Hebammen. Das weiß ich aus sicherer Quelle. Und ich finde, du bist definitiv urlaubsreif. Die Warnecke wird dir bestimmt freigeben.«

Sina nickte. »Und ich könnte ein bisschen Sonne tanken«, sagte sie voller Sehnsucht.

Sie sah sich im Licht der Straßenlaternen um. Die tiefhängenden Wolken drohten mit weiterem Regen, und die nasse Kälte kroch ihr unter die Jacke.

Auf einmal hatte Sina ein klares Bild vor Augen: eine Insel im Süden. Helle Tage, die nach blühenden Blumen dufteten, laue Nächte mit dem sanften Geräusch der Brandungswellen als Schlaflied.

Sardinien.

Unwillig wischte sie sich über die Stirn, um das Bild zu vertreiben. Das war nun wirklich der letzte Ort, an den sie reisen wollte, und es gab eine Menge anderer schöner Urlaubsziele. Da würde ihr schon etwas einfallen. Sie kramte in ihrem Rucksack nach dem Autoschlüssel und sagte dann zu Kerstin: »Manchmal kannst du richtig gute Ideen haben. Ich verreise, und in der Zwischenzeit wird der dumme Florian zur Vernunft kommen.«

»Ja, hoffentlich«, gab Kerstin zurück, doch Sina hörte genau den zweifelnden Ton in ihrer Stimme. »Aber warum sollte er ein Auge auf mich werfen, nur weil du weg bist? Es gibt massenweise Frauen auf der Welt, die hundert Mal hübscher und vor allem tausend Mal schlanker sind als ich.«

Sina nahm die Freundin kurz in den Arm und drückte sie leicht. »Etwas Besseres als eine Frau wie dich könnte Florian gar nicht passieren. Das wird er irgendwann begreifen. Du wirst schon sehen.«

»Hoffentlich«, sagte Kerstin wieder, schien jedoch kein bisschen überzeugt. Die Freundinnen fuhren in entgegengesetzte Richtungen davon. Der Nieselregen ging in einen heftigen Schauer über. Sina schaltete die Scheibenwischer auf höchste Stufe und wünschte sich weit fort, irgendwohin, wo die Sonne schien.

5. Kapitel

Es war ein warmer Sommerabend auf Sardinien, aber der leichte Westwind, der wie so oft nach Sonnenuntergang aufgekommen war, brachte nach der Hitze des Tages ein wenig Abkühlung. In Olbia wie anderswo auf der Insel nutzten Touristen und Einheimische das schöne Wetter für einen Spaziergang. Eine Weile sah Dottore Federico Bergmann schweigend den Menschen zu, die auf der Hafenpromenade entlangschlenderten. Junge und alte Paare, Familien mit Kindern, die auf Skatern oder Fahrrädern vorneweg fuhren und – nein. Federico beobachtete die Menge einen Moment genauer. Tatsächlich, niemand ging hier allein am Meer entlang. Das fand er merkwürdig. Es gab doch angeblich so viele Singles, und er selbst würde in spätestens einer Stunde auch wieder dazugehören. Wo waren die alle? Verkrochen sie sich in ihre Wohnungen oder Hotelzimmer, aus Angst, inmitten der vielen glücklichen Paare unangenehm aufzufallen?

Unsinn.

Federico atmete tief durch und bestellte sich dann beim Kellner ein Glas eisgekühlten Mirto bianco. Dieser trockene, aus den Blättern und Blüten der Myrte hergestellte Likör würde ihm direkt in die Blutbahn schießen, und das kam ihm gerade recht. Normalerweise trank er nur selten Alkohol, aber heute war eben kein normaler Abend.

Er sah auf die Uhr. Halb neun. Lorella war spät dran, wie

immer. Während der Arbeitszeit war seine Sprechstundenhilfe zuverlässig und gewissenhaft – ganz die korrekte Tochter eines englischen Offiziers. Privat jedoch kam sie mehr nach ihrer italienischen Mutter. Als seine Freundin war sie temperamentvoll, aufbrausend und chronisch unpünktlich. Er fand das oft aufregend, aber genauso oft anstrengend. Und sie stritten sich gern über das Thema.

»Auch meine Mutter stammt von Sardinien«, sagte Federico dann. »Das heißt aber nicht, dass ich mir ein italienisches Temperament aneignen muss.«

»Du bist ja auch ein Mann«, erwiderte Lorella gern, als sei damit alles erklärt. Worauf ihm nie ein passendes Gegenargument einfiel.

Federico nahm einen Schluck von seinem Likör und suchte in der vorbeiziehenden Menschenmenge nach Lorellas hoher Gestalt.

Endlich sah er sie, und so sofort kroch die Wut wieder in ihm hoch. Seit er ihr falsches Spiel entdeckt hatte, konnte er sich kaum beherrschen. Und doch hatte er bis heute Abend gewartet. Ein ruhiges Gespräch war das Mindeste, das er ihrer gemeinsamen Zeit schuldete.

Lorella hatte ihr blondes Haar hochgesteckt und trug ein eng anliegendes schwarzes Kleid. Bewundernde Blicke folgten ihr, und sie war sich ihrer Schönheit voll bewusst. Ein paar Hafenarbeiter auf dem Weg nach Hause blieben stehen, pfiffen ihr nach und riefen: »Ciao Bellezza!«

Lorella lachte, aber ihre dunklen Augen suchten Federico und leuchteten auf, als sie ihn fanden.

Sie hat wirklich keine Ahnung, dachte er. Für sie war dies ein ganz normales romantisches Essen im neuen Fischrestaurant an der Hafenmole. Schon zweimal hatten sie das Essen verschieben müssen, beide Male waren Babys dazwischengekommen, die es besonders eilig hatten. Nun sollte es endlich klappen.

»Du hast einen Tisch draußen erwischt«, sagte Lorella anerkennend. Kein Wort der Entschuldigung für ihre halbstündige Verspätung.

Federico stand auf, und sie küsste ihn rechts und links auf die Wange. Ihre Lippen fühlten sich seltsam kühl an, als streiche ein Hauch englischer Nebel über seine Haut. Mit hochgezogenen Augenbrauen bemerkte sie sein ausgetrunkenes Glas und bestellte für sich einen alkoholfreien Aperitif. Dann entschieden sie sich beide für Ravioli, mit Fischfarce gefüllt, und Miesmuscheln in Weißweinsoße. Dazu bestellten sie eine Flasche trockenen Vernaccia.

Federico beschloss, erst nach dem Essen mit Lorella Schluss zu machen. Sofort erschrak er über seine grenzenlose Gefühllosigkeit. Eben noch war er wütend auf sie gewesen, jetzt merkte er, wie gleichgültig ihm diese Frau war. Es war noch nicht lange her, da hatte er ernsthaft darüber nachgedacht, sie zu heiraten. Inzwischen konnte er das nicht mehr nachvollziehen. Lorella hatte doch niemals wirklich sein Herz berührt. Wie hatte er nur glauben können, mit ihr glücklich zu werden? Was für ein Narr er doch gewesen war! Federico wurde bewusst, wie sehr diese Bezeichnung auf sein ganzes Leben passte, und ihm verging der Appetit.

»Die Pasta ist köstlich«, bemerkte Lorella und beobachtete ihn aus halb geschlossenen Lidern. Es lag etwas Lauerndes in ihrem Blick. »Wieso isst du nichts mehr?«

»Non ho fame«, murmelte Federico.

»Du hast keinen Hunger? Das sagt der Mann, der schon mal ein halbes Porcheddu verschlungen hat?«

Auf einmal fühlte er doch etwas, ein Bedauern vielleicht, oder zumindest eine leise Traurigkeit. Er dachte an den Ausflug, den sie im Frühjahr ins Landesinnere nach Arzachena unternommen hatten. Auf dem Weg dorthin hatten sie in einer unscheinbaren Trattoria gegrilltes Spanferkel und dazu Pane Carasau gegessen, ein dünnes getrocknetes Hirtenbrot aus Weizenmehl, Hefe und Olivenöl. Lorella hatte ihn mit seinem großen Hunger geneckt. »Wenn du nicht aufhörst, so zu fressen, muss ich dich nachher gleich in dem Gigantengrab bestatten, das wir eigentlich nur besichtigen wollen.«

Federico hatte nur gelacht, und auch später, als sie die Tomba dei Giganti bei Arzachena erreichten, hatten sie einander fröhlich weiter geneckt. Bis sie still wurden angesichts dieses beachtlichen Bauwerks aus der Bronzezeit. Federico sah das Grab immer noch vor sich. Es bestand aus vier seitlichen Steinplatten und einer Deckplatte, während die Fassade von einer drei Meter hohen Stele gebildet wurde. Federico war sich angesichts dieser langen Inselgeschichte einen Moment lang furchtbar klein und unbedeutend vorgekommen. Endlich kniff Lorella ihn in die Seite und behauptete, er sei seit dem Essen richtig dick geworden. Was Unsinn war, denn Federico war von Natur aus schlank und sportlich.

An diesem Tag, das wusste er jetzt, war er dem Glück schon ziemlich nahe gekommen. Aber der Tag lag Monate zurück, und was er damals vielleicht für Glück gehalten hatte, hinterließ heute einen bitteren Nachgeschmack.

Dennoch aß er noch ein wenig weiter und musste zugeben, dass auch die Miesmuscheln, die nur ein paar Dutzend Meter entfernt in der flachen Bucht geerntet worden waren, frisch und köstlich waren.

Das Essen war abgeräumt, beide hatten sich gegen ein Dessert und für einen starken Espresso entschieden, und Lorella sah ihn erwartungsvoll an.

Er wusste nicht, was sie erhoffte, aber nun musste er endlich mit der Sprache herausrücken. »Ich habe heute Vormittag alle Testergebnisse bekommen«, sagte er ohne Einleitung und bemerkte mit einer gewissen Genugtuung, wie sie erschrocken zusammenzuckte. »Du bist kerngesund.«

»Das ... verstehe ich nicht.« Ihre Stimme hatte plötzlich allen Stolz verloren, die dunklen Augen blickten schuldbewusst.

»Ist das alles, was hast du dazu zu sagen hast?«

Lorella hob die Schultern, sie schien sich eine Taktik zu überlegen. »Das ist doch ein Glück, oder?« Sie tat, als würde sie den deutlichen Vorwurf in seiner Stimme nicht hören. »Ich habe schon Angst gehabt, es wäre etwas Schlimmes.«

»So, hast du.«

»Du weißt genau, wie schlecht ich mich gefühlt habe.«

»Weiß ich das?«

»Federico!« Sie sprach so laut, dass ein paar Leute sich nach ihnen umdrehten. »Was soll das hier? Machst du mir eine Szene? Du glaubst doch nicht etwa, ich hätte dir etwas vorgespielt?«

»Ehrlich gesagt: ja. Das ist genau das, was ich glaube. Du wolltest nicht, dass ich fliege, und hast das beste Mittel gewählt, um mich zurückzuhalten.«

Lorella sprang auf, aber sein unerbittlicher Blick zwang sie zurück auf ihren Stuhl. Dort sank sie förmlich in sich zusammen.

Federico musterte sie und fragte sich, warum er Lorella nicht schon viel früher durchschaut hatte. Es war letzte Woche schließlich nicht zum ersten Mal vorgekommen, dass sie ihn an einem Flug nach Deutschland gehindert hatte. Es hatte jedes Mal gute Gründe dafür gegeben, und, wenn er ganz ehrlich war, hatte er bei diesen Gelegenheiten mit einer gewissen Erleichterung auf die Reise verzichtet, obwohl er gar nicht vorgehabt hatte, alte Wunden aufzureißen. O nein! Er hätte vielleicht Verwandte besucht oder alte Freunde. Aber niemals Sina Paulsen.

Diesmal jedoch war er fest entschlossen gewesen, zu ihr zu fliegen. Aus Gründen, die niemanden außer ihn selbst etwas angingen. Wer hätte ihm auch geglaubt, wenn er erklärte hätte, er müsse eine Frau wiedersehen, um sie ein für alle Mal vergessen zu können? Um endlich frei zu sein und ein glückliches Leben mit jemandem wie Lorella Ward planen zu können?

Kein Mensch, der noch bei Sinnen war.

So buchte er seinen Flug, ohne Gründe zu nennen. Aber am Abend vor der Abreise hatte Lorella ihn angerufen und dringend zu sich nach Hause bestellt. Er fand sie in ihrem Bett, leichenblass, fiebernd und mit seltsam starr blickenden Augen. Natürlich hatte er sich Sorgen gemacht, große Sorgen. Er war Frauenarzt und kein Internist, aber selbst ein Laie hätte erkannt, dass Lorella schwer krank war. Er blieb bei ihr, pflegte sie, ließ eine ausführliche Blutanalyse machen und flog natürlich nicht nach Deutschland.

Wundersamerweise ging es ihr schon vierundzwanzig Stunden später wieder gut. Sie war schön wie eh und je, und sie schlug ihm sogar vor, ein Boot zu mieten und ein romantisches Wochenende im Archipel La Maddalena zu verbringen, wo sie versteckte und wilde Buchten entdecken würden. Er versprach ihr, darüber nachzudenken, sobald ihre Testergebnisse vorlagen, und wunderte sich nur, weil sie so rasch wegschaute.

»Also? Was hast du eingenommen, um genau im richtigen Moment krank zu werden? Welche einheimische Kräuterhexe hat dir dabei geholfen?«

Lorella sank in sich zusammen. »Ist doch jetzt auch egal«, sagte sie leise. »Es stimmt, ich wollte nicht, dass du fliegst. Ich ... hatte Angst, du würdest nicht zu mir zurückkommen.«

»So ist das.« Er fühlte sich sogar ein wenig geschmeichelt, aber die Gleichgültigkeit in seinem Innern war stärker als jede andere Regung.

Schweigen entstand, und Federico fragte sich, wie er nur jemals ernsthaft hatte erwägen können, sie zu heiraten. Es lag nicht an ihr. Sie war wunderschön und klug. Und sie liebte ihn wirklich. Diese Dummheit mit der vorgetäuschten Krankheit – er hätte ihr verzeihen könnten. Jeder andere wäre darüber vielleicht sogar glücklich gewesen. Aber die Dinge lagen nun einmal anders. Er liebte Lorella nicht, und er würde sie niemals lieben können, weil ...

»Was hast du gesagt?« Er tauchte wie aus einem Traum auf und sah sie an.

»Möchtest du noch mit zu mir kommen?«

Sie verstand gar nichts, sah ihn nur hoffnungsvoll an.

»Nein«, sagte Federico bestimmt. »Ich komme jetzt nicht mit zu dir. Ich kann überhaupt nicht mehr zu dir kommen. Mi dispiace. Es tut mir leid, aber wir können uns nicht mehr sehen. Privat, meine ich.«

Verdammt! Warum war das bloß so schwer? Er sah die Traurigkeit in ihren Augen, und er fühlte sich wie ein elender Mistkerl. Schnell stand er auf, ging zur Kasse und zahlte ihr Essen. Dann verließ er das Lokal, verließ die Frau, mit der er viele schöne Stunden verbracht hatte.

Federico bemerkte nicht mehr, wie Lorella wütend die Fäuste ballte und einen Fluch ausstieß, den sie einst von ihrer sardischen Großmutter gelernt hatte.

In der Arztpraxis ging die Arbeit in den folgenden Tagen ihren gewohnten Gang. Lorella trug eine freundliche, aber kühle Miene zur Schau, und Federico beglückwünschte sich im Stillen zu seiner Entscheidung. Er hatte sich vielleicht nicht sehr elegant aus der Affäre gezogen, aber schließlich war es Lorella gewesen, die zuerst mit falschen Karten gespielt hatte.

Kurz erwog er, sich eine neue Sprechstundenhilfe zu suchen, doch Lorella und er waren ein eingespieltes Team. Es wäre ihm schwergefallen, auf sie verzichten zu müssen. Also ließ er alles beim Alten, nur die privaten Treffen fielen weg. Und es schien, als habe Lorella die Abfuhr akzeptiert. Er beobachtete sogar einmal, wie sie von einem fremden Mann abgeholt wurde. Nun, wenn sie hoffte, ihn dadurch eifersüchtig zu machen, so täuschte sie sich. In erster Linie fühlte er nur ungeheure Erleichterung, und erst jetzt fiel ihm auf, wie eng sie in den letzten Jahren das Netz um ihn geknüpft hatte.

»Du siehst aus wie jemand, dem ein halber Bergrücken vom Herzen gefallen ist«, sagte Martha Tommasini grinsend, als sie sich eines Morgens in einem Hotelzimmer trafen. Dort lag eine schwangere deutsche Touristin im Bett und schaute den Arzt aus ängstlichen Augen an. Sie war im sechsten Monat und hatte an einer viel zu anstrengenden Wanderung teilgenommen. Als sie nach der Rückkehr Schmerzen bekam, rief die Hoteldirektion zunächst Martha an. Aber die erfahrene Hebamme bat schnell Federico hinzu, und der hatte seine Untersuchung gerade abgeschlossen.

»Stimmt!«, sagte er zu Martha. Er wandte sich dann der Touristin zu und verordnete ihr zwei Tage strenge Bettruhe. »Sie hätten einen solchen Marsch nicht mitmachen dürfen.«

»Unser Wanderführer hat von einem leichten Spaziergang gesprochen«, gab die erschöpfte Berlinerin zurück. Federico nickte. Die Wanderungen im Landesinneren wurden von vielen Touristen unterschätzt, und die einheimischen Führer neigten gern zu Untertreibung, um ihre gut zahlenden Kunden nicht zu verlieren.

»Hier ist meine Handynummer. Wenn die Schmerzen noch einmal auftreten, rufen Sie mich sofort an. Dann lasse ich Sie ins Krankenhaus einweisen. Im Übrigen rühren Sie sich nicht vom Fleck, wenn sie keine Fehlgeburt riskieren wollen.«

Um die Nasenspitze war die Frau jetzt kalkweiß, und Federico wusste: Freiwillig würde sie keinen Schritt mehr tun. Gut so.

»Du bist aber nicht nur wegen der Patientin so erleichtert«, sagte Martha, als sie draußen im Hotelflur standen. »Du hast schon genauso breit gegrinst, als du reingekommen bist.«

Federico warf ihr einen unschuldigen Blick zu. »Ich weiß nicht, was du meinst.«

Martha stieß eine Art Schnauben aus. »Mir kannst du nichts vormachen. Komm, ich spendiere dir in der Hotelbar einen Drink, und dann erzählst du mir alles.«

Eine halbe Stunde später stellte Martha ihr Glas Campari ab und starrte Federico an. »Du hast mit Lorella Schluss gemacht? Mit der perfekten Frau? Warum denn, um Himmels willen?«

»Das ist eine ziemlich lange Geschichte.« Er war jetzt völlig ernst, sein Blick war nach innen gerichtet. »Es hat etwas mit einem jungen Mädchen in Deutschland zu tun. Das heißt, inzwischen ist sie eine junge Frau. Sie heißt Sina Paulsen und arbeitet an der Geburtsklinik Sankt Marien.«

Martha horchte auf. Eine junge Hebamme? Am Krankenhaus ihres alten Freundes, Professor Reinhold Haber? Konnte es einen solchen Zufall geben? Andererseits: Auch Federico Bergmann war ja damals von Reinhold nach Sardinien geschickt worden, als ihr Mann Nino die Praxis aufgrund seiner schwerer Krankheit aufgeben musste. Offenbar waren ihre Lebenswege enger miteinander verknüpft, als sie bisher gedacht hatte.

»Und wegen Sina hast du mit Lorella Schluss gemacht?«, hakte sie nach.

»Nun, nicht direkt.«

Martha spürte, wie sie die Geduld verlor. »Federico, kannst du jetzt bitte mal Klartext reden?«

»Wenn das so einfach wäre«, erwiderte er. Aber dann fing er endlich an zu erzählen, und Martha hörte gespannt zu, während in ihrem Kopf ein ganz bestimmter Plan Gestalt annahm.

6. *Kapitel*

Müde sank Federico Bergmann in einen Sessel, legte den Kopf in den Nacken und schloss die Augen. Es war schon spät am Abend, und er hatte einen anstrengenden Tag hinter sich. Zu dem üblichen Stress in der Praxis, auf Hausbesuchen und Kurzvisiten bei Touristinnen in den Hotels in und um Olbia kam seit ein paar Tagen auch die extrem gereizte Stimmung zwischen ihm und Lorella. Nicht, dass seine Sprechstundehilfe in irgendeiner Form ihre Arbeit vernachlässigt hätte. Nein, so etwas konnte Federico ihr nicht vorwerfen. Das Gegenteil war der Fall: Sie war sogar noch pünktlicher und penibler als früher. Aber sobald sie das Wort an ihn richtete, nahm ihre Stimme einen Klang an, der die Luft um ihn herum zum Klirren brachte. Ihr Schweigen war beinahe noch schlimmer. Dann starrten ihre dunklen Augen ihn durchdringend an, und ihm wurde kalt, obwohl das Thermometer draußen mehr als dreißig Grad anzeigte.

Himmel! Federico stieß einen tiefen Seufzer aus. Lorella gab ihm das Gefühl, der größte Schuft auf Erden zu sein, dabei hatte er nichts weiter getan, als ihre private Beziehung zu beenden. So etwas kam vor im Leben. Das hätte sie wissen müssen. Hatte sie wirklich gehofft, er würde sie heiraten?

Er richtete sich auf. Offensichtlich ja. Und er selbst hatte ja auch schon mit dem Gedanken gespielt.

Federico stand wieder auf und begann, in seinem Wohnzimmer auf und ab zu gehen. Sein Apartment lag direkt über der Arztpraxis in einem liebevoll renovierten Altbau. Durch die kleinen Fenster hatte er freien Blick auf die Bucht von Olbia, zu seiner Linken lag in einiger Entfernung die Hafenmole. Vor zehn Jahren hatte Federico von Nino Tommasini die Praxis übernommen und der Einfachheit halber auch gleich die Wohnung darüber angemietet. Martha war nach dem Tod ihres Mannes in dem Fischerhäuschen am alten Hafen wohnen geblieben, das sie schon vor einiger Zeit mit ihm gemeinsam liebevoll restauriert hatte, um dort eines Tages gemeinsam ihren Lebensabend zu verbringen.

Zu Beginn war Federico entschlossen gewesen, die Räume stilvoll in altem sardischem Stil einzurichten – mit handgeschnitzten Möbeln und dem einen oder anderen antiken Stück.

Aber er hatte nie die Zeit dafür gefunden. Während seiner ersten Monate auf Sardinien opferte er nach Feierabend jede Minute dem Sprachunterricht. Denn nur, wenn er die italienische Sprache beherrschte, die ihm seine Mutter zu seinem Leidwesen nie beigebracht hatte, konnte er sich anmaßen, als Frauenarzt auf der Insel zu arbeiten.

Später hatte er sich an die spärliche, lieblose Möblierung seiner Wohnung gewöhnt. Es machte ihm nichts aus, dass sogar sein Wartezimmer unten in der Praxis gemütlicher war als seine eigenen vier Wände, und Lorellas Versuche, mit weiblicher Hand einzugreifen, hatte er stets erfolgreich abgewehrt. Ihm gefiel die Vorläufigkeit der Wohnung. Sie entsprach seinem inneren Wissen, dass er bis zum heutigen Tag auf Sardinien keine neue Heimat gefunden hatte.

Federico fuhr zusammen, als es an der Tür klingelte. Lorella!, schoss es ihm sofort durch den Kopf, und er war versucht, nicht zu öffnen. Gleichzeitig ärgerte er sich über sich selbst. Wenn Lorella die Konfrontation suchte, dann würde er sich ihr stellen.

Aber dann strömte ihm durch den Türschlitz ein geradezu exotischer Duft entgegen, und sein knurrender Magen erinnerte ihn daran, dass er seit dem Frühstück nichts mehr gegessen hatte.

»Kasseler!«, stieß er atemlos auf und riss die Tür auf. »Wo zum Teufel hast du den aufgetrieben?«

»Fluche nicht, mein Lieber«, erwiderte Martha Tommasini und grinste breit. Ihre Haut legte sich in tausend Falten und verriet ein langes Leben im Süden. »Ich habe da so meine Verbindungen nach Deutschland. Nimm mir die Pfanne ab. In diesem Topf sind Knödel und im kleineren Sauerkraut.«

»Martha, ich liebe dich«, sagte Federico inbrünstig.

»Fein. Schade, dass du etwa dreißig Jahre zu jung für mich bist. Na ja, sagen wir zwanzig. Du siehst nämlich ziemlich alt aus in letzter Zeit.«

Federico schwieg und folgte ihr in seine moderne, wie unbenutzt wirkende Küche. Tatsächlich machte er sich hier höchstens mal ein Fertiggericht in der Mikrowelle warm. Er ahnte, dass die Hebamme nicht nur gekommen war, um sich um sein leibliches Wohl zu kümmern. Aber im Moment war ihm alles egal. Er stürzte sich auf die seltene Köstlichkeit wie ein Zackenbarsch auf eine unglückliche Sardine und vergaß für einen glücklichen Augenblick alles andere um sich herum.

Auf einmal war er wieder zwanzig, ein junger Student und für seine Größe viel zu dünn. Seit einem Jahr war er fort von zu Hause, nachdem er in München keinen der begehrten Studienplätze an der medizinischen Fakultät bekommen hatte. So war er in den Norden von Deutschland gezogen, wo es für einen Einser-Abiturienten noch einen Platz gab.

Federico konzentrierte sich ganz auf sein Studium und hatte weder Zeit noch Lust, zu kochen. In seiner Studentenbude hatte er sich höchstens mal eine Tütensuppe warm gemacht, und ansonsten von Brot, Käse und Obst gelebt. Es war sein Glück, dass er im zweiten Studienjahr bei einer so netten Familie wie den Paulsens unterkam. Als seien nur wenige Tage und nicht viele Jahre vergangen, sah er noch immer Kathrin Paulsen, Sinas Mutter, vor sich, wie sie ihm einen zweiten Teller mit Kasseler Rippchen füllte und sagte: »Wir werden dich hier schon aufpäppeln, mein Junge.« Das war sein erster Tag als Untermieter im Haus der Familie gewesen, und die kleine Sina hatte ihn damals schon angehimmelt wie den großen Bruder, den sie sich immer so sehnlich gewünscht hatte.

Schlagartig ließ er Messer und Gabel sinken. »Ich habe auch um sie getrauert«, sagte er, noch ganz in seinen Erinnerungen versunken.

»Um wen?«, fragte Martha behutsam.

»Sinas Eltern. Kathrin und Johannes Paulsen. Ich habe dir doch von ihnen erzählt.«

»Ja«, sagte sie schlicht.

»Ich habe das noch nie jemandem gesagt. Damals, als sie beide bei dem Autounfall ums Leben kamen, da musste ich mich um Sina kümmern. Das Mädchen war doch erst fünfzehn und hatte niemanden außer mir. Ich habe meine eigene Trauer unterdrückt, aber in Wahrheit war ich untröstlich.«

Martha nickte nur.

»Kathrin und Johannes haben mich immer wie einen

Sohn behandelt. Bei ihnen habe ich mich fast wie zu Hause gefühlt, und meine Mamma in München war beruhigt, weil es mir so gut ging.«

»Das war schwer für dich, aber du hast richtig gehandelt.« Martha stand auf und räumte das Geschirr ab. Dann ging sie voraus ins Wohnzimmer, zauberte aus ihrer Tasche zwei Flaschen deutsches Pils und reichte ihm eine davon. Sie setzten sich auf sein ungemütliches Sofa und tranken ihr Bier direkt aus der Flasche, wie zwei gute alte Freunde, die sie ja auch waren.

»Ich bin froh, dass ich endlich die ganze Geschichte kenne«, begann Martha nach einer Weile. »Aber ein paar Fragen habe ich noch.«

Federico nickte. Nun würde er den wahren Grund für ihren Besuch erfahren.

»Nach dem, was du mir schon neulich über sie verraten hast, scheinst du ziemlich gut über Sinas heutiges Leben Bescheid zu wissen. Woher?«

»Ganz einfach. Ich habe noch Freunde in der Stadt und auch an der Klinik Sankt Marien. Die halten mich über Sina auf dem Laufenden.«

»Verstehe.« Martha nahm einen tiefen Schluck aus ihrer Flasche, und Federico tat es ihr nach. Er ahnte, dass Martha noch nicht zufrieden war.

»Aber warum dieses plötzliche Ende mit Lorella? Was hat diese Sina wirklich damit zu tun? Ich meine, du hast mir erzählt, dass dieses Mädchen wie eine kleine Schwester für dich war. Ich kann ja nachvollziehen, dass dir noch etwas an ihr liegt. Aber findest du es nicht selbst ziemlich merkwürdig …«

»Selbstverständlich!«, unterbrach Federico sie und fing sich von Martha einen verblüfften Blick ein. »Es ist merkwürdig, es ist nicht normal, aber ich komme einfach nicht dagegen an.«

»Wogegen?« Ihre Stimme war jetzt wieder ganz sanft.

»Ich habe Sina damals geliebt«, sagte Federico leise. »Nicht wie ein Bruder seine kleine Schwester, sondern wie ein Mann eine Frau. Natürlich nicht, als sie noch ein Kind war. Aber etwa ein Jahr bevor ihre Eltern starben, da merkte ich plötzlich, wie ich immer öfter ihre Nähe suchte. Ich wollte es mir lange nicht eingestehen, aber schließlich wurde mir klar, dass ich dieses Mädchen über alles liebte. Natürlich habe ich versucht, meine Gefühle zu unterdrücken, es war jedoch verdammt schwer. Als dann der Unfall passierte, wusste ich gar nicht mehr weiter. Schließlich war ich heilfroh, als diese Tante von Sina aufgetaucht ist. Ich wollte nur noch weg. Einen anderen Ausweg sah ich nicht. Wenn ich eine möglichst große Entfernung zwischen mich und Sina legen würde, dann würde ich sie hoffentlich vergessen können. Durch Flucht musste es möglich sein, mir diese Liebe aus dem Herzen zu reißen.«

Martha gab einen leisen Ton der Zustimmung von sich, so als hätte sie genau diese Antwort erwartet. »Und heute?«, fragte sie dann. »Liebst du sie immer noch?«

Federico schüttelte heftig den Kopf. »Das ist doch unmöglich, oder? Ich denke, Sina ist zu einer fixen Idee für mich geworden. Und ich muss sie nur endlich wiedersehen, um davon freizukommen. Man kann einen Menschen nicht lieben, den man seit zehn Jahren nicht mehr gesehen hat. Das wäre vollkommen absurd und unlogisch.«

»Du irrst dich. Die Liebe kennt keine Logik, wusstest du das nicht?«

»Meinst du etwa, ich liebe sie noch?« Der Gedanke war so ungeheuerlich, dass Federico nur ganz leise sprach.

»Ich meine gar nichts. Ich kann mir kein Urteil erlauben. Aber es ist doch bemerkenswert, dass du in all den Jahren keine feste Bindung eingegangen bist. Hast du darüber schon mal nachgedacht?«

»Die Arbeit …«

»Mach dir nichts vor. Es liegt nicht an der Arbeit, und es liegt jetzt auch nicht an Lorella. Der Grund für deine Unrast und für deine Unfähigkeit, auf Sardinien wirklich anzukommen, liegt ganz allein in deinem Herzen begraben.« Auf einmal grinste Martha, wie vorhin, als sie mit dem Kasselerbraten an seiner Tür geklingelt hatte. »So viel Weisheit hättest du einer alten Hebamme wohl nicht zugetraut, was?«

Federico lächelte schief. »Ach, Martha, dir traue ich grundsätzlich alles zu. Ohne dich wäre ich damals hier völlig verloren gewesen, und ich habe den Verdacht, daran hat sich bis heute nichts geändert. Aber eines ist sicher: Sina wird mir niemals verzeihen, dass ich sie damals im Stich gelassen habe.«

Martha stellte ihre Bierflasche ab und faltete nachdenklich die Hände. Fast sah es aus, als betete sie. »Erstens hast du sie nicht einfach nur sich selbst überlassen, sondern sicher bei einer Tante untergebracht, stimmt doch?«

»Schon.«

»Zweitens hast du damals ganz richtig gehandelt. Schließlich war sie minderjährig und trauerte um ihre Eltern. Stell dir vor, du hättest ihr deine Liebe gestanden. Womöglich hätte sie eine weitere Erschütterung gar nicht verkraftet.«

Federico fühlte wie sich ein Sünder, dem nach langem Warten endlich die Absolution erteilt wurde. Dankbar legte er eine Hand auf Marthas noch immer gefalteten Hände.

»Wie war das eigentlich?«, fragte Martha nach einem Moment des freundschaftlichen Schweigens. »Hattest du damals das Gefühl, sie liebt dich auch?«

Federico nickte zögernd. »Möglich, aber ich bin mir bis heute nicht sicher. Ungefähr ein Jahr vor der Tragödie fing sie an, sich anders zu verhalten. Es kam mir plötzlich so vor, als würde sie mich regelrecht anhimmeln. Ach, nein.« Er schüttelte heftig den Kopf. »Bestimmt habe ich mir das nur eingebildet, weil ich über meine eigenen Gefühle so erschrocken war. Außerdem konnte das höchstens die Schwärmerei eines Teenagers sein.«

Martha zog ihre Hände weg und tippte sich mit einem Finger gegen die Stirn. »Und da irrst du möglicherweise schon wieder. Von der Liebe, mein Guter, hast du wirklich keine Ahnung.«

Federico sah Martha zweifelnd an. »Du glaubst doch nicht etwa wirklich, dass ein junges Mädchen schon so lieben kann wie eine Erwachsene?«

»Sagen wir mal so: Ich glaube, es geht hier weder um Logik, noch um Alter, noch um Zeit. Die Liebe gehorcht ihren eigenen Regeln, und die können wir beschränkten Menschen gar nicht erfassen. Zum Glück, würde ich sagen.«

»So«, sagte Federico matt. »Und was soll ich deiner Meinung nach jetzt tun? Mal kurz Sina besuchen und sagen: Hey, tut mir leid, dass ich spurlos verschwunden war. Aber können wir die zehn Jahre nicht mal eben vergessen und noch mal von vorn anfangen? Ich schätze, dann habe ich die Wahl zwischen geohrfeigt werden und einem schnellen Tod durch Erschießen.«

Martha stand auf und streckte sich. »Manchmal reicht es, wenn man die Dinge geschehen lässt«, meinte sie dann rätselhaft.

Federico wollte wissen, was sie damit sagen wollte, Martha

ließ sich jedoch zu keiner weiteren Äußerung provozieren, packte kurz darauf ihre Töpfe wieder ein und verließ ihn.

Als es nur wenige Minuten später erneut klingelte, dachte er, die Hebamme habe etwas vergessen, und öffnete, ohne durch den Türspion zu schauen.

Mit einem triumphierenden Blick stolzierte Lorella herein, sah sich in der Wohnung um und stellte mit sicherem Instinkt fest: »Du hast Besuch gehabt.«

Das geht dich nichts an, dachte Federico, sagte aber laut: »Martha war hier.«

Die Auskunft schien sie für einen Moment zu beruhigen, aber rasch verfinsterte sich wieder ihre Miene. »Martha, also. Und was habt ihr beide ausgeheckt?« Sie baute sich vor ihm auf, groß, beinahe bedrohlich. »Ihr steckt doch unter einer Decke. Ich habe zwar keine Ahnung, worum es geht, aber irgendetwas ist hier im Gange, und ich bin die Leidtragende.«

Er musste sich zwingen, nicht einen Schritt zurückzuweichen. »Lorella, ich bitte dich. Du bildest dir da etwas ein. Martha hat mir ein deutsches Essen gebracht, das ist alles.«

Der Blick ihrer dunklen Augen drang in ihn ein und fand eine andere Wahrheit. Die Temperatur im Raum kühlte merklich ab. »Du kannst vielleicht mit mir Schluss machen, Federico Bergmann. Aber du kannst mich nicht für dumm verkaufen. Ich werde schon noch dahinterkommen, was ihr beide treibt.«

Dann ging sie, und er wusste, er hatte sich eine Feindin gemacht.

7. Kapitel

Professor Reinhold Haber nahm mit einem Ruck den Telefonhörer ab und bellte hinein: »Ich habe gesagt, ich möchte nicht gestört werden, Frau Pietsch! Wollen Sie gefälligst meine Anordnung respektieren!«

Hektisch fuhr er sich mit den Fingern durch sein noch immer volles Haar und sah sich im Büro um. Auf seinem Schreibtisch türmten sich die Krankenakten, auf dem Monitor seines Computers blinkte das Zeichen für eingegangene E-Mails, die er noch beantworten musste. In einer halbe Stunde stand eine Besprechung mit dem Klinikverwalter an, und Haber hatte sich noch keine Argumente zurechtgelegt, um die Anschaffung von mindestens zwei Herzmonitoren für die Frühchenstation durchzusetzen. Mal ganz davon abgesehen, dass er mit seinen beiden Oberärzten noch die Vertretung für die nächsten zwei Wochen klären musste.

Haber unterdrückte einen Fluch. Wie sollte ein Mann wie er unter solchen Bedingungen seinen langersehnten Urlaub antreten, ohne vorher noch einen Herzinfarkt zu bekommen?

»Die Dame sagt, es ist sehr wichtig«, erwiderte seine Assistentin ungerührt. »Es geht um Leben und Tod, und sie sollen an das Baby mit der Nabelschnur um den Hals denken.«

Haber musste sich plötzlich an der Kante seines Schreibtisches festhalten. Herr im Himmel! Das konnte doch nicht wahr sein. Nicht nach all den Jahren! Nicht diese Frau! Bis heute verfolgte sie ihn in seine Alpträume. War das nicht genug?

»Stellen Sie durch«, sagte er schwach.

»Ciao, mein Alter, wie geht's denn so?« Ihre Stimme klang, als stünde sie im Nebenzimmer, und das ließ auf seiner Stirn kalten Schweiß ausbrechen. Professor Haber, der mächtige Klinikchef von Sankt Marien, wurde auf einmal zu einem ängstlichen Mann.

»Martha«, sagte er. »Martha Schmidt.«

»Tommasini«, korrigiert sie ihn. »Schmidt habe ich damals geheißen, bevor ich auf Sardinien geheiratet habe. Erinnerst du dich an meinen Campingurlaub nach dem ersten Jahr als Hebamme? Da habe ich meinen Nino kennengelernt. Sechs Monate später waren wir Mann und Frau.«

»Äh, ja.« Dunkel erinnerte er sich an eine Hochzeitskarte, die er vor Jahren bekommen hatte, und an seine Erleichterung, weil Martha so weit weggezogen war. Aus den Augen, aus dem Sinn. So hatte er damals gedacht und sein Leben weitergelebt.

»Was willst du?« Haber ärgerte sich über das leichte Zittern in seiner Stimme, konnte aber nichts dagegen tun. War jetzt der Moment gekommen? Würde Martha die alte Schuld eintreiben? Oder gar nach all den Jahren ihr Gewissen entdecken und im Nachhinein noch einen Kunstfehler anzeigen?

Lächerlich, dachte er. Sie würde ihn um einen Gefallen bitten, nicht mehr. So wie damals, als ihr Mann schwer krank geworden war und sie dringend nach einem Vertreter für die Praxis in Olbia gesucht hatte. Er hatte ihr Federico Bergmann geschickt, seinen frisch promovierten Lieblingsstudenten, der ihm gerade angekündigt hatte, er werde aus der Stadt fortgehen. Aus Gründen, die er seinem Doktorvater nicht verraten wollte. Professor Haber hatte gehofft, Federico würde nach kurzer Zeit zurückkehren.

Aber dann starb Marthas Mann, und der junge Arzt blieb für immer auf der Insel. Für Haber ein herber Verlust. Hatte er doch gehofft, Federico würde eines Tages sein Nachfolger werden, wie ein Sohn, den er sich immer gewünscht und nie bekommen hatte.

»Das ist aber keine nette Begrüßung«, drang es durch den Hörer.

»Martha, ich bin gerade sehr beschäftigt. Morgen früh fliege ich mit meiner Frau in die Ferien, und ich habe noch tausend Dinge zu erledigen.« Er biss sich auf die Lippen. Zu spät.

»Ach ja, wohin denn?«

Der Professor ließ sich in seinen Schreibtischsstuhl fallen. Martha konnte er nichts vormachen. Entweder hatte sie etwas herausgefunden, oder es handelte sich um einen geradezu unglaublichen Zufall. So oder so würde sie die Wahrheit aus ihm herauskitzeln.

»Nach Sardinien«, sagte er.

Am anderen Ende der Leitung blieb es einen Moment still. »Interessant«, meinte Martha dann und verriet ihm nicht, ob das für sie eine Überraschung war.

Eher nicht, dachte er jetzt. Soweit er wusste, kannte die Hebamme in Olbia Gott und die Welt. Irgendjemand musste ihr verraten haben, dass er einen Aufenthalt in einem exklusiven Hotel an der Costa Smeralda gebucht hatte.

Prompt hakte sie nach: »Und das sollen wirklich nur Ferien werden? Rein zufällig auf Sardinien? Du hast nicht etwa vor, einen erstklassigen Frauenarzt zurück an deine Klinik zu locken?«

In der Verbindung knackte es, was auf Haber beruhigend wirkte. Es lagen also doch über zweitausend Kilometer zwischen ihm und Martha.

»Selbstverständlich nicht«, gab er entrüstet zurück, obwohl er insgeheim genau daran gedacht hatte. »Aber ich bin vierundsechzig, Martha, und ich bin müde. Ich brauche dringend eine Pause.«

»Red keinen Blödsinn. Du gehst bald in Rente, dann kannst du dich so viel ausruhen wie du willst«, kam es ungerührt zurück.

Haber stöhnte innerlich auf. »Du hast mir immer noch nicht gesagt, was du von mir willst.«

»Ich komme ja schon dazu. Erinnerst du dich an das Baby? Das mit der Nabelschnur?«

»Wie könnte ich das je vergessen.« Plötzlich hatte er alles wieder vor Augen. Er war damals noch ein junger, unerfahrener Arzt gewesen und hätte um ein Haar einen schrecklichen Fehler begangen. Ohne Martha wäre seine Karriere an jenem Tag vor fast vierzig Jahren vermutlich zu Ende gewesen. Sie besaß selbst auch nicht viel mehr Erfahrung als er, aber sie verfügte schon damals über diesen sicheren Instinkt, der sie zur besten Hebamme weit und breit machte. Sankt Marien war noch ein kleines Kreiskrankenhaus, das unter chronischem Personalmangel litt, weil die guten Leute lieber nach Hamburg oder Hannover gingen.

An jenem Tag waren Reinhold Haber und Martha Schmidt allein auf der Entbindungsstation, als eine hochschwangere Bäuerin eingeliefert wurde. Mit der Geburt wollte es nicht so recht vorangehen, aber Haber beharrte auf seiner selbstgerechten Meinung, nach der die Frau ihr Kind gefälligst unter Schmerzen auf natürlichem Wege gebären sollte. Da griff Martha einfach zu einem Skalpell und hielt es ihm an die Halsschlagader. »Entweder du machst jetzt einen Kaiserschnitt, du eingebildeter Idiot, oder ich schneide dir die Kehle durch.«

Ihr Instinkt erwies sich als lebensrettend. Das Baby wurde geholt, und Haber sah als Erster, dass die Nabelschnur eng um den Hals gewickelt war. Bei einer natürlichen Geburt wäre es stranguliert worden.

Der Professor machte sich nichts vor. Hätte Martha damals nicht eingegriffen, wäre er heute kaum Chefarzt der Geburtsklinik.

Plötzlich fühlte er wieder Zorn in sich aufsteigen. »Was soll das, Martha? Willst du mir drohen? Nach bald vierzig Jahren? Das ist doch alles längst verjährt.«

»Ich dir drohen? Nein, wie kommst du nur darauf? Obwohl sich so ein Vorfall natürlich auch im Nachhinein in deinem makellosen Lebenslauf nicht so gut machen würde, was meinst du?«

»Martha!«

Miriam Pietsch steckte neugierig ihren Kopf zur Tür hinein. »Alles in Ordnung, Professor?«

Er winkte sie mit einer barschen Geste wieder hinaus und senkte seine Stimme, als er weitersprach. »Martha, komm endlich zur Sache.«

Als sie ihm sagte, was sie von ihm wollte, war er für einen Moment sprachlos. »Das kannst du nicht von mir verlangen, sagte er dann. Meine Frau ...«

»Die wird es schon verstehen, wenn du ihr die Tatsachen klug erklärst.«

»Aber ...«

»Reinhold, ich *bitte* dich darum. Es ist wirklich wichtig. Und wenn alles so klappt, wie ich hoffe, kann ich bald zu meiner Nichte nach Hamburg ziehen.«

»Warum?«, fragte er verwirrt.

»Weil ich genauso alt bin wie du und weil ich endlich mal die Füße hochlegen will, du Volltrottel. Ist das so schwer zu verstehen? Fünfundvierzig Jahre Schufterei als Hebamme sind wirklich mehr als genug, und die große Hitze hier im Sommer vertrage ich auch nicht mehr wie früher. Meine Beine ... Na, egal. Also, ich verlass mich auf dich. Ciao, Bello.«

»Auf Wiederhören«, erwiderte Haber steif, obwohl er sich genau das Gegenteil wünschte.

Der Professor legte auf, trat an das Fenster seines Büros und sah hinaus. Von hier oben hatte er einen weiten Blick über den Klinikpark von Sankt Marien, der nun schon seit Wochen unter einer hässlichen braunen Schlammschicht begraben war. Der Dauerregen wollte einfach nicht aufhören.

Haber stieß einen langen Seufzer aus. Er hatte sich auf Sardinien gefreut. Verdammt, ja! Sein letzter Urlaub lag einige Jahre zurück, und er fühlte sich manchmal entsetzlich müde. Und Christine ... Er runzelte die Stirn. An seine Frau wollte er im Moment lieber nicht denken. Sie freute sich nämlich noch viel mehr auf den Urlaub als er selbst. Er konnte ihr enttäuschtes Gesicht schon regelrecht vor sich sehen und dachte lieber schnell an etwas anderes.

Zum Beispiel an die unglaubliche Geschichte, die ihm Martha eben erzählt hatte. Es ging darin um eine junge Hebamme an seiner Klinik. Sina Paulsen. Doch, das Mädchen war ihm ein Begriff. Klein und zierlich, aber stark, wenn es darauf ankam. Immer ein bisschen still und mit diesen großen grauen Augen, die nur selten lachten. So ein Mädchen fiel auf. Und es ging um Federico Bergmann. Nach zehn Jahren hatte Professor Haber nun endlich erfahren, was es damals mit dieser Flucht des jungen Arztes auf sich gehabt hatte.

Verrückt!

Federico und Sina. Eine verbotene Liebe. Gab es so etwas nicht nur in diesen Fernsehserien, die sich seine Frau anschaute? Haber schüttelte den Kopf. Wenn sich Martha da bloß nicht in etwas verrannt hatte, das gar nicht existierte. Außerdem – er rieb sich die Stirn. Was passiert eigentlich, wenn alles so lief, wie sie sich das vorstellte? Musste er dann auf die nächste gute Kraft an seiner Klinik verzichten? Denn darum ging es ja: Martha wollte Sina und Federico wieder zusammenbringen, in der Hoffnung, dass die junge Hebamme dann auf Sardinien blieb und ihren Platz einnahm.

Der Gedanke gefiel ihm überhaupt nicht. Aber hatte er eine Wahl? Wenn sie es tatsächlich darauf anlegte, konnte ihm Martha auch heute noch schaden, und zuzutrauen war dieser Frau einfach alles. Niemand außer ihr wusste, was damals passiert war, beinahe passiert wäre. Nicht einmal Christine.

Haber ging zu der kleinen Bar in der Schrankwand, holte die Flasche mit altem Courvoisier heraus und goss sich einen Fingerbreit der bernsteinfarbenen Flüssigkeit in einen Cognacschwenker. Genießerisch nippte er daran und ging zum Fenster zurück, bevor er einen winzigen Schluck nahm. Genau das Richtige, um seine Gedanken zu ordnen.

Wie auf Kommando kam ihm gleich darauf eine Idee, und er lächelte plötzlich. Es war natürlich auch möglich, dass Marthas Plan ein glatter Reinfall wurde. Vielleicht hatten Sina Paulsen und Federico Bergmann einander längst vergessen. Oder sie dachten nur noch mit Abneigung aneinander. Haber war kein romantischer Mensch, und er hielt diese Möglichkeit für wesentlich realistischer als eine zehn Jahre alte Liebe, die sich über diese lange Zeit hinweg erhalten hatte.

Er nahm noch einen Schluck von seinem Cognac und stellte das Glas dann mit einer entschlossenen Bewegung ab. Wenn alles so kam, wie er dachte, beschloss Haber, dann würde er im richtigen Moment alle Hebel in Bewegung setzen, um nicht nur Sina Paulsen, sondern auch Federico Bergmann zurück an seine Klinik zu holen. Wenn die beiden sich nicht leiden konnten, musste das ja ihre Arbeit nicht beeinträchtigen.

Endlich wandte er sich vom Fenster ab und ging zu seinem Schreibtisch zurück. Er hatte schon die Taste der Sprechanlage gedrückt, um seine Assistentin zu rufen, als er sich es anders überlegte. Vielleicht war es besser, Sina Paulsen in einem günstigen Moment auf ihrer Station abzufangen. Er wollte dem Gespräch keinen allzu förmlichen Rahmen geben.

8. Kapitel

Sina und ihre Kollegin Kerstin saßen im Schwesternzimmer bei einem Becher Kaffee zusammen. Sie waren beide erschöpft. An diesem Morgen hatten vier Frauen beinahe zeitgleich entbunden, und die Hebammen waren kaum zum Atemholen gekommen.

»Als ob sie sich abgesprochen hätten«, sagte Kerstin müde und pustete in ihren Becher. Sie spähte sehnsüchtig zur Zuckerdose, entschied sich aber für ein Tütchen mit Süßstoff.

Sina lächelte in sich hinein. Also wieder eine neue Diät. Sie fand allerdings, dass Kerstin neuerdings schmaler aussah. Ganz ohne bewusstes Kalorienzählen.

»Du hast abgenommen«.

Kerstin blickte auf. »Findest du? Ich war eine Weile nicht mehr auf der Waage. Irgendwie komme ich bei dem ganzen Stress hier gar nicht dazu, an meine Figur zu denken.«

Sinas Lächeln verbreitete sich zu einem Grinsen. »Das liegt nicht am Stress, den haben wir sonst auch. Das macht die Liebe.«

Kerstin nahm einen Schluck Kaffee, verbrühte sich die Lippen und fluchte. Dann sagte sie: »Klar, die unglückliche, hoffnungslose Liebe. Sieht man ja bei dir. Deshalb bist du so ein Klappergestell.«

»Blödsinn.« Sinas Lächeln erlosch. »Ich liebe niemanden, das weißt du.«

»Und wie! Du hasst nur aus ganzem Herzen einen Typen, den du vor zehn Jahren das letzte Mal gesehen hast. Schon mal was davon gehört, dass Liebe und Hass verwandte Gefühle sind?«

Kerstins Worte gaben ihr einen Stich, und Sina tat, als müsste sie ihren Kaffee besonders konzentriert umrühren. Um von sich abzulenken, sagte sie dann: »Ich finde, du solltest bei Florian endlich die Initiative ergreifen. Vielleicht braucht er nur einmal einen kleinen Schubs in die richtige Richtung.«

»Männer mögen keine Frauen, die ihnen nachlaufen. Sie brauchen Erfolgserlebnisse. Und das bedeutet, sie können sich nur in eine Frau verlieben, die sie selbst nach vielen Schwierigkeiten erobert haben«, erwiderte Kerstin weise. »So wie damals die Höhlenmenschen, wenn sie ein Weib bei den Haaren gepackt und ihm mit der Keule eins übergezogen haben.«

Sina stellte sich den attraktivsten Assistenzarzt von Sankt Marien mit Bärenfell und Keule vor und musste lachen. Dann dachte sie an den sehnsuchtsvollen Blick, mit dem Florian sie nach wie vor verfolgte, und wurde schnell wieder ernst. Nur gut, dass sie für eine Weile wegfahren würde.

»Wie weit bist du mit deinen Urlaubsplänen?«, fragte Kerstin prompt.

Sina hob die Schultern. »Nicht sehr weit. Alles, was mir wirklich gefällt, ist zu teuer. Ich kann mir wahrscheinlich nur eine Bettenburg auf Mallorca oder an der Costa Brava leisten. Wenigstens scheint dort die Sonne. Das ist doch schon mal was.«

»Die scheint auf Sardinien auch«, ertönte von der Tür her eine Stimme, die sie beide zusammenzucken ließ. Die Freundinnen sahen sich an und duckten sich dann unwillkürlich unter der imposanten Erscheinung des Klinikchefs. Nahezu gleichzeitig klappten ihre Unterkiefer herab, während Professor Haber hereinkam und sie anlächelte wie ein Weihnachtsmann, der sich in der Jahreszeit geirrt hatte.

Sina und Kerstin starrten ihn sprachlos an. Etwas musste geschehen sein, aber sie ahnten nicht, was.

Sina fing sich als Erste. »Professor Haber. Können wir etwas für Sie tun?«

Sie klang wie eine Schuhverkäuferin, fand sie, aber die Situation war auch zu irreal. Der Chef richtete nie ein persönliches Wort an seine Untergebenen, höchstens bei der Visite nannte er die Hebammen mal seine fleißigen Bienchen.

»Umgekehrt«, sagte er jetzt mit einem väterlichen Lächeln, das irgendwie gar nicht zu ihm passte. »Ich kann etwas für *Sie* tun.«

Sina verschlug es erneut die Sprache, und Kerstin saß da wie ein hypnotisiertes Kaninchen.

Haber kam herein, setzte sich rittlings auf einen freien Stuhl und ließ seinen Blick zwischen den beiden jungen Frauen hin und her wandern. »Für Sie beide«, meinte er dann.

»Äh?« Kerstin starrte ihn immer noch an.

»Sie sehen urlaubsreif aus«, sagte Haber ohne ersichtlichen Zusammenhang.

»Es war heute Vormittag ziemlich hektisch«, murmelte Sina, als sie ihre Sprache wiedergefunden hatte. Sie musste immerzu an das eine Wort denken, das Haber eben ausgesprochen hatte: Sardinien. »Wir hatten vier Geburten gleichzeitig und …«

Weiter kam sie nicht, denn der Professor teilte ihnen nun

seine Entscheidung mit: »Sie beide fliegen morgen früh für zwei Wochen in die Ferien. Meine Frau und ich müssen aus privaten Gründen von unserer Sardinienreise zurücktreten. Der Flug ist gebucht, und einige Kilometer außerhalb von Olbia wartet ein exklusives kleines Hotel auf Sie. Nun, es ist eher eine weitläufige Villa, in der wenige ausgewählte Gäste aufgenommen werden. Mit großem Garten, Pool und Zugang zum Meer. Aber das ist ja selbstverständlich.«

»Selbstverständlich«, echoten Sina und Kerstin fassungslos. Dies hier war ein Traum, beschloss Sina. Etwas anderes konnte gar nicht sein. Sie kniff sich fest in den Unterarm und schloss kurz die Augen.

Aber als sie wieder aufsah, hockte der allmächtige Klinikchef immer noch wie ein Student rittlings auf dem Stuhl und fuhr seelenruhig fort: »Ich lasse Ihre Namen eintragen, und Sie können sich die Reiseunterlagen morgen früh direkt am Flughafen abholen. Sie sind Kerstin Gercke, nicht wahr?«

Kerstin nickte matt.

»Mit der leitenden Hebamme spreche ich. Machen Sie sich keine Gedanken. Sie bekommen beide Ihren verdienten Urlaub.«

Und schon war er wieder weg.

Der Kaffee in den Bechern wurde kalt, bis die Freundinnen sich von dem Schrecken erholt hatten.

Sardinien, sagte eine Stimme wieder und wieder in Sinas Kopf. *Federico*, antwortete eine andere Stimme.

Laut sagte Sina: »Das gibt's doch nicht. Wieso will mich ausgerechnet der Professor nach Sardinien schicken? Das kann kein Zufall sein.«

Kerstin war ganz blass um die Nasenspitze, aber sie erholte sich schneller. »Da muss es natürlich eine Verbindung geben. Hast du mir nicht erzählt, dass Federico bei ihm studiert hat? Vielleicht sind sie über die Jahre in Kontakt geblieben.«

»Möglich«, erwiderte Sina, fand die Erklärung aber eher unwahrscheinlich. »Wie auch immer. Ich kann unmöglich nach Sardinien fliegen. Überallhin, aber nicht dorthin.«

»Und ich kann auch nicht weg«, sagte Kerstin. »Wie soll ich den schönsten Assistenzarzt von ganz Deutschland erobern, während ich auf einer Mittelmeerinsel weile?« Nachdenklich fuhr sie sich durch ihren kurzen Haarschopf. »Andererseits – wenn es stimmt, dass Männer die Eroberung brauchen, wäre es ganz gut, wenn ich vorübergehend von der Bildfläche verschwinden würde. Vielleicht merkt Florian dann endlich mal, was er an mir hat.«

»Bestimmt«, meinte Sina geistesabwesend.

Kerstin tätschelte ihr die Hand. »Und dir kann auch nichts Besseres passieren.«

»Wie meinst du das?«

»Ganz einfach. Dieser Federico ist doch so eine Art Gespenst für dich geworden, das dich ständig heimsucht. Sofern Lebende überhaupt ein Gespenst sein können. Aber das nur nebenbei. Du kannst dich von diesem Typen jedenfalls nur befreien, wenn du ihn noch einmal wiedersiehst.«

Sina sah sie zweifelnd an. »Und was mache ich, wenn was ganz anderes passiert? Wenn ich feststelle, dass ich ihn immer noch liebe?«

»Ach, Unsinn«, sagte Kerstin und lachte laut heraus. Dann wurde sie wieder ernst. »Da besteht bestimmt keine Gefahr.«

»Nein? Wieso bist du dir da so sicher?« Tief in ihrem

Innern war ein Gefühl versteckt, vor dem Sina schreckliche Angst hatte.

»Erstens gibt es so was bloß im Film, zweitens hat dein schicker Federico inzwischen bestimmt eine Halbglatze und einen Bierbauch. Aber mal ganz davon abgesehen: Schlimmer als jetzt kann es mit dir nicht mehr werden.«

Sina schwieg lange, starrte in ihren kalt gewordenen Kaffee und dachte nach.

Kerstin rutschte unruhig auf ihrem Stuhl hin und her. »Jetzt kriegst du wieder deinen Sardinien-Blick. Na, diesmal passt es wenigstens.«

Sina hob die Schultern. »Eigentlich ist die Entscheidung ganz einfach. Wir können das großzügige Angebot des Professors gar nicht ablehnen, ohne ihn zu verärgern.«

»Genau«, erwiderte Kerstin. »Jetzt habe ich nur noch ein Problem: Was soll ich einpacken?« Sie lachte wieder, und diesmal stimmte Sina in ihr Lachen ein. Auf einmal freute sie sich auf die Reise. Kerstin hatte recht: So oder so würde endlich eine Entscheidung fallen.

»Wenn der Professor schon mit Helga Warnecke gesprochen hat, gibt sie uns vielleicht etwas früher frei«, meinte sie hoffnungsvoll. »Dann gehen wir noch shoppen.«

»Genial!« Kerstin klatschte begeistert in die Hände. »Und danach fahren wir zu mir und recherchieren im Internet. Oder weißt du zufällig, welche Promis gerade die Costa Smeralda unsicher machen?«

Sina hob die Schultern. »Keine Ahnung. Die berühmte Küste liegt soweit ich weiß ein ganzes Stück weiter im Norden. Und die Promis interessieren mich auch nicht besonders.«

Kerstin verpasste ihr spielerisch eine Kopfnuss. »Du Dummkopf, ist mir doch auch völlig egal. Aber vielleicht schieße ich *das* Paparazzo-Foto dieser Saison, und mit dem sagenhaften Honorar mache ich mich selbständig. Wir können ja ein paar Ausflüge zu den spannendsten Stränden unternehmen.«

»Seit wann fotografierst du?«

Kerstin grinste. »Seit jetzt. Ich muss mir nur noch eine Kamera anschaffen.«

Dr. Florian Weiß begegnete den beiden jungen Hebammen auf dem Flur. Eingehakt kamen sie auf ihn zu und sprachen über ... Bikinis.

Bikinis?

»Ich trau mich nicht«, sagte Kerstin gerade.

Ganz automatisch versuchte er, sie sich im Bikini vorzustellen, und fand die Idee zu seiner Überraschung gar nicht so übel. Merkwürdig. War sie ihm nicht zu dick und überhaupt völlig unattraktiv? Verwirrt lauschte Florian Sinas Antwort: »Du wirst toll aussehen. Komm, die Warnecke hat uns schon freigegeben. Jetzt gehen wir shoppen.«

Florian verstand gar nichts mehr. Er war auf der Suche nach Sina gewesen, um sie unter einem Vorwand in die Cafeteria zu entführen. Aber dies schien kein guter Moment zu sein. Und in Kerstins Beisein ging das sowieso nicht. Die würde vor lauter Eifersucht platzen.

Klar, Sina hatte ihm neulich eine deutliche Abfuhr erteilt, doch so etwas konnte er nicht auf sich sitzen lassen. Da hatte er schließlich seinen Stolz. Außerdem: Das *Nein* einer Frau war doch oft eher ein *Jein*, noch häufiger ein verstecktes *Ja* und diente ganz allein dazu, sich interessanter zu machen. Er war ein Mann mit einer gewissen Erfahrung, und er durchschaute das schöne Geschlecht. Meistens jedenfalls. Nur bei Sina Paulsen stieß er an seine Grenzen. Aber er hatte sehr lange über sie nachgedacht und war zu dem Schluss gekommen, dass sie ihn vorläufig nur aus einem einzigen Grund abgewiesen hatte: um ihre Freundin Kerstin nicht zu verletzen. Denn dass die in ihn verknallt war, hatte er ja nicht mehr übersehen können.

Florian blieb stehen und schüttelte leicht den Kopf, um klarer denken zu können. Als er die beiden jetzt so vor sich sah, gerieten seine schönen Schlussfolgerungen allerdings schwer durcheinander. Sina hielt sich von ihm fern aus Rücksicht auf ihre Freundin? Wirklich? Der Blick aus ihren geheimnisvollen grauen Augen traf ihn mit derart höflicher Gleichgültigkeit, dass ihm für einen Moment ganz kalt wurde.

Kerstin himmelte ihn an? Ganz sicher? Komisch. Sie himmelte gar nicht. Schaute nur freundlich an ihm vorbei, und in ihrem Lächeln lag gar nichts Schwärmerisches – eher ein gewisses Desinteresse.

Florian fröstelte. Er fühlte sich unsicher, und das war eine neue Erfahrung für ihn.

Jetzt machte Kerstin einen Schritt auf ihn zu, war ihm plötzlich so nah, dass ihm aus unerfindlichen Gründen ganz warm wurde, und sagte mit sachlicher Stimme: »Ach, Florian, gut dass ich dich noch treffe. Die Patientin auf Zimmer 11 möchte mit einem Arzt sprechen. Ich habe das zwar auch unserer leitenden Hebamme ausgerichtet, aber möglicherweise vergisst sie das. Sie hat ja gerade damit zu tun, den Dienstplan umzuschreiben.«

»So?« war alles, was er schwach herausbringen konnte. Er war noch damit beschäftigt, seine seltsamen Temperaturschwankungen zu verarbeiten. Aus Gründen, die er selbst nicht verstand, ärgerte ihn Kerstins gleichgültige Art jedenfalls maßlos. Er wich ein paar Zentimeter von ihr ab, was sie nur mit einem kühlen Blick quittierte. Das wurmte ihn schon wieder.

Herrgott! Was war nur plötzlich mit ihm los?

»Wir verreisen morgen früh«, klärte ihn Sina auf. Ihre grauen Augen schimmerten – ängstlich? Nein. Vor Freude? Auch nicht.

»Ach«, murmelte Florian nur.

»Wir fliegen für zwei Wochen nach Sardinien«, fügte Kerstin hinzu.

»Wow!«

Kerstin feixte immer noch. »Kannst du auch noch was anderes als *so*, *ach* und *wow* sagen?«

Verdammt, die Frau machte sich lustig über ihn.

Er wandte sich Sina zu. »Habe ich etwas verpasst? Worum geht es hier überhaupt?«

»Der Chef hat uns seine Reise geschenkt. Er ist unerwartet verhindert.«

»Professor Haber?« Florian kam aus dem Staunen gar nicht mehr heraus. Der Ehrfurcht einflößende Klinikchef, der ihn selbst, seinen fleißigsten Assistenzarzt, kaum mal mit einem Nicken bedachte, verzichtete auf seinen Urlaub zugunsten von zwei Hebammen? War so etwas möglich?

»Da stimmt doch was nicht«, sagte er entschieden. »Professor Haber würde niemals …«

»Hat er aber«, unterbrach ihn Kerstin und rückte ihm schon wieder so nah auf die Pelle, dass eine neue Hitzewelle in ihm hochstieg. Wenn er jetzt rot wurde, war es ein für alle Mal um seine Selbstachtung geschehen. Florian machte zwei Schritte zur Seite und trat die Flucht an. »Von mir aus könnt ihr dahin fahren, wo der Pfeffer wächst«, sagte er noch.

»Der wächst aber ganz woanders«, rief Kerstin ihm nach.

Es kam nicht oft vor, dass Dr. Florian Weiß die Welt

nicht mehr verstand. Er nahm sich fest vor, diese beiden jungen Frauen aus seinen Gedanken zu löschen. Aber er musste bald feststellen, dass er nicht alles im Leben kontrollieren konnte.

9. Kapitel

»Du siehst aus wie ein Kind, das einen Streich ausgeheckt hat«, sagte Federico zu Martha.

Die Hebamme blinzelte. »In meinem Alter nehme ich das mal als Kompliment.«

Sie saßen in Federicos Praxis an der Via Redipuglia und besprachen die aktuellen Fälle.

Lorella war bereits nach Hause gegangen. Seit Federico sie verlassen hatte, arbeitete sie nur noch das Nötigste, und er hatte das ungute Gefühl, eine Zeitbombe neben sich zu haben. Das letzte Wort war noch nicht gesprochen, so viel war klar, und obwohl es natürlich Unsinn war, fürchtete er sich ein wenig vor Lorellas Rache. Und die würde so sicher kommen wie die Flugzeuge und Fährschiffe voller Touristen, die auf dem Flughafen und im Hafen von Olbia täglich eintrafen.

Martha hätte dem Arzt den einen oder anderen Tipp geben können, wie sich Lorella besänftigen ließe. Als Frau konnte sie die Wut der Jüngeren sogar verstehen. Schließlich hatte Lorella über die Jahre viel Zeit und Energie in ihre Beziehung mit Federico gesteckt. Und nun, so kurz vor dem Ziel, als sie schon fest mit seinem Antrag rechnete, trennte er sich von ihr.

Aber Martha unternahm nichts, denn die Eiszeit zwischen den beiden kam ihren eigenen Plänen entgegen.

»Ich freue mich nur, weil ich vielleicht doch bald in Rente

gehen kann«, sagte sie jetzt. »Dann will ich zu meiner Nichte nach Hamburg zu ziehen und meinen Lebensabend genießen.«

»Ausgeschlossen!« Federico sah sie entsetzt an. »Ich brauche dich. Du weißt doch, dass ich keinen angemessenen Ersatz für dich finden kann. Die Hebammen hier sprechen nur Italienisch, aber viele meiner Patienten sind deutsche Touristinnen.«

Martha schwieg eine Weile, dann sagte sie vorsichtig: »Möglicherweise weiß ich da eine Lösung. Lass dich überraschen.« Sie wusste, es war zu früh, ihn einzuweihen. Sie wollte weder falsche Hoffnungen bei ihm wecken noch ihn vorzeitig verschrecken.

Federico schnaubte. »Schon wieder so eine Andeutung von dir. Warum sprichst du neuerdings in Rätseln? Erst diese Bemerkung letzte Woche, dass ich Dinge geschehen lassen soll, und jetzt das. So langsam wirst du mir unheimlich.«

»Nur Geduld, mein Lieber. Nur noch ein klein wenig Geduld.«

»Nein«, erwiderte er entschieden. »Ich will jetzt wissen, was du planst.«

Martha schenkte ihm lediglich einen unschuldigen Blick und nahm dann ein paar Papiere in die Hand. Manchmal, fand sie, konnten junge Männer ganz schön anstrengend sein. Sie beschloss, deutlicher zu werden.

»Entweder du vertraust mir, oder ich nehme morgen das nächstbeste Flugzeug und lasse dich hier mit allem im Stich.«

Erst als sie die Worte schon ausgesprochen hatte, bemerkte sie selbst, dass sie wie eine Anspielung auf Federicos eigene Handlungsweise vor zehn Jahren klangen.

»Tut mir leid«, fügte sie schnell hinzu. »So war das nicht gemeint.

Federico, der blass geworden war, nickte nur.

Erleichtert wechselte Martha das Thema und begann, von einer schwangeren Frau Ende vierzig zu erzählen, für die dieses Kind das größte Glück ihres Lebens bedeutete. Gemeinsam besprachen sie den Fall und stimmten eine lückenlose Kontrolle der Schwangerschaft ab, um mögliche Probleme rechtzeitig zu erkennen.

Martha war froh, dass Federico sich wieder ganz auf seine Arbeit konzentrierte.

Manche Dinge dürfen nicht überstürzt werden, dachte sie bei sich. Ihr alter Freund Reinhold Haber musste zunächst sein Versprechen einlösen. Erst wenn Sina Paulsen wirklich auf der Insel war, würde man weitersehen.

Martha konnte nur hoffen, dass alles so klappen würde, wie sie es geplant hatte.

Der Korbstuhl gab ein leises knarzendes Geräusch von sich, als Sina sich entspannt zurücklehnte. Sie war im Paradies gelandet, anders konnte sie es nicht nennen. Um sie herum erstreckte sich der herrliche Garten des Hotels Villa Margherita. Hohe Pinien, breit gefächerte Palmen und bunte Oleanderbüsche erstreckten sich bis hinunter zum Meer, wo ein weißrosa schimmernder Strand zum Baden im türkisfarbenen warmen Wasser einlud. Über all dieser irdischen Pracht wölbte sich ein klarer Himmel, der höher und blauer schien als in Deutschland.

So viel Schönheit hatte Sina nicht erwartet. Natürlich hatte sie während des Fluges im Reiseführer viel über Sardinien gelesen. Zu ihrer eigenen Überraschung war es ihr dabei sogar gelungen, ihre Angst vor einem Wiedersehen mit Federico Bergmann zeitweise ganz zu vergessen. Aber es war eben etwas anderes, ob man Informationen im Kopf abspeicherte oder das Paradies mit eigenen Augen betrachtete.

Ihre Sinne kamen zur Ruhe, die Aufregung der Reise legte sich. Der Duft nach Mittelmeerkräutern und Eukalyptus umwehte sie, und von der Terrasse her mischte sich das würzige Aroma von englischem Tee darunter. Britische Touristen nahmen dort ein spätes Frühstück ein. Sina schloss die Augen und ließ die warme Sonne auf ihr Gesicht scheinen. Für einen Moment war sie wunschlos glücklich.

»Hast du noch nicht genug geschlafen?« Kerstins laute Stimme zerstörte den friedlichen Augenblick. »Jetzt aber hoch mit dir. Ich will was unternehmen. Lass uns mit einem Boot rausfahren und die kleinen Inseln vor der Costa Smeralda entdecken. Bei der Gelegenheit schieße ich dann ein paar Promis ab. Wir können uns auch ins Getümmel von Olbia stürzen, auf den Markt gehen, die romanische Basilika besichtigen und auf dem Corso Umberto bummeln.«

Sie holte einmal tief Luft und sprudelte dann weiter hervor: »Oder wir mieten ein Auto und fahren ein Stück ins Landesinnere. Weißt du, was man sich hier erzählt? Als Gott die Welt erschaffen hat, da hat er von jedem Teil der Erde noch einige Bäume, Büsche, Blumen, Erde und Steine übrig gehabt. Daraus hat er dann Sardinien geformt, sozusagen als göttliches Flickwerk. Und deshalb ist die Landschaft hier so vielfältig. Es gibt Täler, Hochebenen, Laubwälder, Wiesen, Felsküsten, Berge, Strände und Buchten. Apropos Felsküsten. Da könnten wir uns vor lauter Liebeskummer ins Meer zu stürzen, wenn uns nichts anderes mehr einfällt.«

Sina stöhnte laut auf. »Wo nimmst du bloß diese ganze Energie her? Wir sind gestern kurz vor Mitternacht angekommen. Seitdem sind keine elf Stunden vergangen. Ich bin müde.«

Sie erinnerte sich daran, wie sie beide gestaunt hatten, als sie das Hotel betraten. So viel Luxus hatten sie nicht erwartet. Das moderne zweistöckige Gebäude empfing sie mit einer marmornen Eingangshalle, edlen Ledergarnituren und zuvorkommendem Personal. Den Garten konnten die beiden jungen Hebammen nicht richtig erkennen, aber der beleuchtete randlose Pool sah aus, als würde er direkt ins Meer übergehen. Die Suite, die für Professor Haber reserviert gewesen war, überraschte sie mit zwei großen Betten im Schlafzimmer, einem Salon, einer weitläufigen Terrasse und einem Badezimmer mit Whirlpool.

Sina und Kerstin waren dann ziemlich kleinlaut in ihre Betten gefallen und hatten bis spät in den Vormittag durchgeschlafen.

»Von wegen«, sagte Kerstin energisch und ließ sich in einen zweiten Korbstuhl fallen, der ein beängstigend lautes Knacken von sich gab, aber standhielt. »Ich glaub dir kein Wort. Du hast bloß eine Heidenangst, deinem Gespenst zu begegnen, sobald du die sicheren Mauern hier hinter dir lässt.«

»Federico ist kein Gespenst«, gab Sina zurück.

»In deinem Kopf schon. Wer weiß, vielleicht ist er dir heute Nacht sogar spukend erschienen? Du hast dich ständig hin und her gewälzt. Ach nein, geht ja nicht. Soweit wir wissen, können lebendige Frauenärzte nicht durch die Gegend spuken und hilflose Jungfrauen erschrecken.«

Wider Willen musste Sina lachen. »Hilflose Jungfrauen, klar!« Insgeheim aber musste sie ihrer Freundin recht geben. Sie spürte, wie die alten Wunden wieder aufbrachen.

»Ich hätte nicht herkommen dürfen«, sagte sie leise.

»Das ist Bullshit«, erwiderte Kerstin laut, und zwei englische Ladys in ihrer Nähe drehten sich mit pikierter Miene zu ihnen um.

»Wir hatten doch gar keine Wahl«, fuhr sie etwas leiser fort. »Man lehnt ein Geschenk des allmächtigen Klinikchefs nicht ab. Es sei denn, man will in den nächsten Jahren nur noch Nachttöpfe schrubben. Aber mal ganz davon abgesehen: Sardinien ist nicht die kleine Insel aus der Augsburger Puppenkiste. Wir können ganz entspannt einige Besichtigungstouren unternehmen. Es ist höchst unwahrscheinlich, dass du deinem Gespenst rein zufällig begegnest.«

Das war Sina natürlich auch klar, und dennoch: Was würde geschehen, wenn sie Federico doch plötzlich gegenüberstehen würde? Allein bei dem Gedanken geriet sie in Panik.

Kerstin bewegte sich in ihrem Korbstuhl und entlockte ihm ein paar neue Töne. »Ich schlage vor, du rufst Federico an und bittest ihn um ein Treffen. Die Nummer seiner Praxis steht mit Sicherheit im Telefonbuch. Wo du schon mal hier bist, kannst du den Typen doch ein für alle Mal aus dem Reich deiner persönlichen Dämonen entlassen. Ihr könntet euch wie zwei zivilisierte Leute die Hände reichen und für den Rest eures Lebens Freunde bleiben.« Sie machte eine Pause und trank einen Schluck eisgekühlte Zitronenlimonade. »Wo wir gerade von zivilisiert reden.« Kerstin sah sich um und runzelte die Stirn. »Mir ist das hier alles eine Nummer zu fein. Kommst du endlich mit raus ins richtige Leben? Wenn ich noch ein paar von diesen steifen Pinguin-Dienern sehe, kriege ich einen fürchterlichen Schreikrampf. Da sind mir die echten Sarden mit ihrem Hass auf die feinen Pinkel dieser Welt echt lieber.«

»Was?« Sina hatte nicht richtig zugehört, aber in den nächsten drei Minuten staunte sie schon wieder über das umfangreiche Wissen, das Kerstin sich in kürzester Zeit über Sardinien angeeignet hatte. Gleichzeitig war sie über jedes Thema froh, das sie von ihren Grübeleien über Federico ablenkte.

Kerstin richtete sich auf. »Na, dieses ganze Brimborium von wegen Costa Smeralda und so haben sich vor vierzig oder fünfzig Jahren so ein paar Werbefuzzis ausgedacht.«

»Echt?« Jetzt war Sinas Interesse geweckt.

Kerstin nickte. »Früher hieß die Küste einfach Monti di Mola, was so viel bedeutete wie Mühlenstein-Berge, und sie war eines der isoliertesten Gebiete Sardiniens. Die wenigen Einwohner waren armen Bauern und Hirten. Als dann Prinz Karim Aga Khan und seine Investmentgruppe den Leuten ihren fünfundfünfzig Kilometer langen wertlosen Küstenstreifen für verdammt wenig Geld abkauften, waren die erst mal glücklich. Später hat man dann von der Costa rubata, der geraubten Küste, geredet, und einige Sarden waren echt sauer.«

»Kann ich verstehen«, sagte Sina.

»Deswegen wurden dann auch gern mal ein paar von den feinen Pinkeln entführt und in Erdlöchern versteckt, aber inzwischen haben sich die meisten Leute mit ihrer Smaragdküste arrangiert.«

»So ist das.« Sina konnte es nicht erklären, auf einmal jedoch fühlte sie sich verbunden mit den Menschen hier. So als sei durch Kerstins Bericht ein erstes dünnes Band zwischen ihr und Sardinien geknüpft worden.

»Verflixt«, sagte Kerstin. »Schon wieder so ein Pinguin-Diener.«

Von der Terrasse her kam ein Butler über den geharkten

Kiesweg auf sie zu. Er sah aus, als hätte er zuletzt dem kleinen Lord gedient, und trug ein glänzendes Silbertablett mit einem schnurlosen Telefon darauf in der Hand.

»Ein Anruf für Miss Paulsen«, sagte er steif.

»Wow!«, murmelte Kerstin glucksend. »Wie im Film.«

Der Butler verzog keine Miene, sondern beugte sich mit dem Tablett zu Sina herunter.

Sie spürte plötzlich, wie ihr der kalte Schweiß ausbrach. Das konnte doch nicht Federico sein! Aber nein, beruhigte sie sich im Stillen, während ihr Puls raste. Woher sollte er wissen, dass sie hier war?

Sie nahm den Hörer vom Silbertablett und meldete sich. »Hallo?«

»Spreche ich mit Sina Paulsen?« Die Stimme gehörte einer älteren Frau.

»Ja, am Apparat.« Erleichtert atmete sie auf.

»Schön, dass Sie da sind. Ich hoffe, Sie hatten eine gute Reise?«

»Äh … ja.« Sina machte Kerstin ein Zeichen, die daraufhin ihr Ohr mit an den Hörer legte.

Durch die Leitung erklang ein Kichern. »Sie fragen sich bestimmt, wer ich bin.«

»Schon«, sagte Sina verwirrt.

»Also, ich mache es kurz. Mein Name ist Martha Tommasini, und ich bin eine alte Freundin von Professor Reinhold Haber.«

Kerstin hob den Daumen in die Luft und gab zu verstehen: Habe ich doch gleich gesagt, dass da noch jemand seine Hände im Spiel hat.

Sina nickte, obwohl sie sich noch keinen Reim auf die Geschichte machen konnte.

»Ich schlage vor, wir treffen uns«, fuhr Martha fort. »Dann

kann ich Ihnen ein paar Dinge erklären, und wir lernen uns ein bisschen kennen.«

»Gerne«, erwiderte Sina. Ihre Neugierde war jetzt größer als ihre Furcht vor einem Wiedersehen mit Federico.

»Wunderbar.« Die Frau am anderen Ende der Leitung klang jetzt wie eine Lottogewinnerin, was Sina noch mehr verwirrte. »Lassen Sie sich ein Taxi rufen und fahren Sie in die Stadt zur Bar Da Vittorio. Sie liegt an der Hafenpromenade. Jeder Taxifahrer kennt es.«

Sina versprach, in einer halbe Stunde da zu sein, und beendete das Gespräch.

»Und wenn das nun eine Verrückte ist?«, fragte sie dennoch zweifelnd ihre Freundin.

Kerstin war schon aufgesprungen. »Die klang aber nicht verrückt, sondern sehr vernünftig. Los, ich komme mit.«

»Aber …«

»Keine Panik, ich werde mich schon nicht einmischen. Ich kann doch in der Zeit durch Olbia bummeln. Bestimmt treffe ich ein paar Promis, die ich ablichten kann.«

»In Olbia?«, fragte Sina zweifelnd. »Ich dachte, die kommen alle mit ihren Luxusyachten direkt an die Costa Smeralda und ankern so weit draußen, dass kein Paparazzo an sie rankommt.«

Kerstin hob die Schultern. »Vielleicht habe ich ja Glück und erwische trotzdem einen. Später treffen wir uns dann, und du erzählst mir alles.«

10. Kapitel

Die Bar Da Vittorio gehörte nicht zu den schicken Touristenlokalen rund um den Hafen von Olbia. Das erkannte Sina auf den ersten Blick. Der schmucklose Raum verfügte nur über wenige Tische, ein paar Spielautomaten und einen riesigen Flachbildfernseher, in dem ein Fußballspiel aus der italienischen Liga übertragen wurde. Am Tresen standen Männer in Jeans und geflickten Hemden. Hafenarbeiter, schätze Sina, und vielleicht Matrosen von den Fährschiffen. Sie tranken ihren Espresso, den sie hier Caffè nannten, schwarz oder corretto, mit einem Schuss Grappa, kommentierten lautstark ein Foul und gingen dann vor die Tür, um sich eine Zigarette anzuzünden. Mit dem Rauchverbot in öffentlichen Lokalen nahm man es in ganz Italien sehr genau.

Erst jetzt entdeckte Sina die Frau, die ganzen hinten am Tresen auf einem wackeligen Barhocker saß und ihr zuwinkte.

Sie klopfte auf den Barhocker neben sich, der nicht viel stabiler als ihr eigener aussah, und Sina setzte sich vorsichtig.

»Martha Tommasini«, stellte sie sich vor und reichte Sina die Hand. »Wir sind übrigens Kolleginnen. Ich arbeite mit Dottore Federico Bergmann zusammen.«

»Oh« war alles, was Sina herausbrachte. Die Frau verwirrte sie, und sie fürchtete sich vor dem, was sie zu hören bekam.

»Nur keine Panik, meine Liebe. Ich beiße nicht. Möchten Sie einen Cappuccino?«

»Lieber etwas Stärkeres«, erwiderte Sina.

Martha lächelte und bestellte zwei Grappa.

Gleich darauf war Sina froh über den scharfen Schnaps. Denn was sie von Martha zu hören bekam, war derart unglaublich, dass sie es in ganz nüchternem Zustand kaum ertragen hätte.

»Sie müssen sich irren«, sagte sie endlich zu Martha. »Federico hat mich längst vergessen. Es sind zehn Jahre seit damals vergangen, und er hat bestimmt inzwischen ...«

»Hat er nicht«, unterbrach Martha sie. »Ganz im Gegenteil. Er war kurz davor zu heiraten und hat doch noch einen Rückzieher gemacht.«

Sina musterte das Gesicht der Älteren und versuchte zu begreifen, was sie eben erfahren hatte. Demnach war Federico ein guter Arzt hier auf Sardinien geworden, privat aber war er ein Getriebener. Einer, der nie wirklich zur Ruhe kam, der nicht heimisch wurde, der von Zeit zu Zeit so eine Art Aussetzer bekam und dann minutenlang schweigend aufs Meer hinausstarrte.

Wenn Sina manchmal wie geistesabwesend in die Ferne schaute, nannte Kerstin es den »Sardinien-Blick«. Zu erfahren, dass Federico ganz ähnliche Momente erlebte, machte sie beklommen.

»Ich kenne Ihre und Federicos Geschichte auch erst seit kurzem«, sagte Martha jetzt, »Aber ich habe schon immer gewusst, dass ihn etwas schwer bedrückt.«

»Wahrscheinlich das schlechte Gewissen«, erwiderte Sina und spürte den alten Zorn wieder in sich hochsteigen. »Er kann sich denken, dass ich ihm nie verziehen habe.«

Martha sah sie eine Weile ruhig an. »Ich glaube, es ist mehr als das«, sagte sie dann.

Sinas Herz geriet plötzlich ins Stolpern. »Sie meinen ...«

Martha hob die Hand. »Mehr möchte ich dazu nicht sagen. Ich denke, dass müssen Sie und Federico schon allein herausfinden. Hier, das ist die Adresse von seiner Praxis. Es ist nicht weit. Sie können zu Fuß hingehen. Immer am Hafen entlang. Sehen Sie sich den Mann an, den Sie lieben. Alles Weitere wird sich zeigen.«

»Wie kommen Sie darauf, dass ich Federico liebe?«, fragte Sina zittrig zurück. »Es ist doch alles viel zu lange her. Außerdem, wenn ich überhaupt etwas für ihn empfinde, so ist es Hass.«

»Genau«, erwiderte Martha. »Liebe und Hass – wo ist da der Unterschied?« Womit sie, ohne es zu ahnen, dasselbe sagte wie Kerstin ein paar Tage zuvor.

Sina nahm mit kalten Fingern den Zettel entgegen, ging zum Taxistand, wollte die Adresse ihres Hotels angeben und schlug zu ihrem eigenen Schrecken die Tür wieder zu. Ihre Füße setzten sich ganz von selbst in Bewegung, ihre Hand zerknüllte den Zettel mit der Adresse. Via Redipuglia vent'uno. Nummer einundzwanzig. Es war wirklich nicht weit, und es war nicht schwer zu finden. Sina bahnte sich ihren Weg durch die Touristenströme. Ihr wurde schlecht von dem Geruch nach vielen fremden Parfums - oder vor Aufregung, das konnte sie nicht unterscheiden.

Ich bin verrückt, dachte sie wieder und wieder. Federico wird mich hochkant rauswerfen. Ich kann doch nicht einfach nach so langer Zeit bei ihm auftauchen ...

Gerade als sie sich entschlossen hatte, umzudrehen, erreichte sie ein liebevoll restauriertes, zweistöckiges Gebäude, an dessen Eingang ein Messingschild angebracht war: »Dottore Federico Bergmann. Frauenarzt – Ginecologo.«

Auf Puddingbeinen betrat Sina die Arztpraxis im Erdgeschoss.

Bis auf eine ältere Patientin war das Wartezimmer um diese Mittagszeit leer. Es dauerte eine Weile, bis die Sprechstundenhilfe erschien, um die Frau hereinzurufen. Ihr Blick blieb an Sina hängen, und sie kehrte kurz darauf zurück.

»Sie haben keinen Termin«, sagte sie auf Englisch. »Ist es ein Notfall?«

Sina fühlte sich unsinnigerweise von der hochgewachsenen bildschönen Frau eingeschüchtert.

»Ich ... möchte Dottore Bergmann nur sprechen«, gab sie auf Deutsch zurück. »Es ist ... privat.«

»Verstehe.« Die Schönheit wechselte mühelos in Sinas Muttersprache über. »Nun, ich fürchte, das wird nicht möglich sein. Der Doktor ist nicht da.«

»Aber die Patientin eben ...«

»Dottore Bergmann wird von einem Kollegen vertreten.« Damit wies sie mit herrischer Geste zum Ausgang.

Erst als sie wieder auf der Straße stand, ahnte Sina: Diese Sprechstundenhilfe hatte sie kaltblütig angelogen. Sie sah zu den Fenstern hoch. Irgendwo dort war Federico. Nach all diesen Jahren so nah. Getrennt nur durch eine Schicht altes Mauerwerk. Ein Zittern erfasste sie, und auf einmal war sie froh über den missglückten Besuch. Was wäre geschehen, wenn sie Federico eben wirklich getroffen hätte? Wäre sie ruhig geblieben, oder hätte sie ihn mit all den Vorwürfen überschüttet, die seit zehn Jahren darauf warteten, ausgesprochen zu werden? Wäre es ihr gelungen, die hohe, einst so geliebte Gestalt zu betrachten, ohne dass ihr Herz zersprang?

Und Federico – wie hätte er reagiert? Überrascht, ganz

sicher. Vielleicht unsicher, vielleicht aber auch nur verärgert über die Störung und mit einer Gleichgültigkeit im Blick, die schlimmer gewesen wäre als jedes böse Wort, als jede Träne.

Sina fröstelte, als sie fortging, als sie immer schneller und schneller lief, so als müsse sie fliehen vor diesem Ort und vor den Erinnerungen, die noch immer so sehr schmerzten.

Etwas störte ihn in seiner Konzentration. Verwundert hob Federico den Kopf, während seine Patientin sich hinter dem Wandschirm wieder anzog. Er stand auf, ging zum Fenster, sah hinaus. Alles war wie immer. Eine Fähre verließ den Hafen, ein großes Kreuzfahrtschiff kündigte dröhnend seine Ankunft an. Unten auf der Straße herrschte das übliche geschäftige Treiben, nur eine junge Frau schien es besonders eilig zu haben. Für einen Moment krampfte sich sein Magen zusammen. Sina, dachte er. Aber sofort rief er sich zur Ordnung. Unzählige Male hatte er in diesen Jahren geglaubt, Sina zu erkennen, an einer zierlichen Figur, an einer Art zu gehen, an einem halben schüchternen Lächeln. Immer hatte er sich getäuscht. Federico hob den Blick und schaute auf das weite Meer hinaus, das am Horizont mit dem Himmel zusammenstieß. Er vergaß Zeit und Raum, fühlte die unerträgliche Leere in seinem Innern, während sich ein Schleier vor seine Augen legte.

»Dottore, ich wäre dann fertig.«

Er zuckte zusammen und kehrte an seinen Schreibtisch zurück. Dann füllte er ein Rezept aus, verabschiedete die Patientin, plante die Hausbesuche für den nächsten Tag. Und die ganze Zeitlang ließ ihn die Frage nicht los: Und wenn sie es doch war?

Früh am nächsten Morgen ging Sina bewaffnet mit Handtuch, Sonnenmilch und einem dicken Roman zum Strand hinunter. Eine Reihe von Liegestühlen und Sonnenschirmen konnten von den Hotelgästen kostenlos genutzt werden, und Sina wählte den Schirm, der am weitesten von den anderen weg stand. In der vergangenen schlaflosen Nacht hatte sie eine Entscheidung gefällt: Ab sofort wollte sie Urlaub machen. Federico gehörte ihrer Vergangenheit an, nicht ihrer Zukunft. Mochte diese Martha erzählen, was sie wollte! Er hatte heiraten wollen? Bestimmt diese wunderschöne Sprechstundenhilfe, das spürte Sina instinktiv. Er hatte einen Rückzieher gemacht? So was kam vor. Kalte Füße kurz vor der Hochzeit. Aber beim zweiten Anlauf klappte es dann.

All dies hatte nichts mit ihr zu tun. Sina warf ihre Sachen auf den Liegestuhl, cremte sich sorgfältig ein und ging dann zum Wasser. Tief sog sie die salzige Luft ein und vergrub die Zehen im nassen Sand.

Die Sonne hatte noch nicht ihre volle Kraft entwickelt, und die meisten Urlaubsgäste schliefen noch. Es schien Sina, als habe sie die gesamte Costa Smeralda für sich. Auch weiter draußen auf dem Meer waren noch keine Yachten zu entdecken. Mit einem wohligen Seufzer watete Sina tiefer in das warme, glasklare Wasser. Sie bewegte sich vorsichtig zwischen Muscheln und kleinen Steinen hindurch, glitt dann endlich ganz hinein und schwamm mit kräftigen Zügen weit hinaus, direkt auf einen großen vorgelagerten Felsen zu. Der löchrige Kalkstein schimmerte blendend weiß, und die Möwen flogen von ihrem ersten Beutezug an diesem Morgen zurück in ihre perfekt versteckten Nester.

Eine Weile ließ Sina sich auf dem Rücken treiben. Beinahe war sie glücklich. Sie dachte an den verregneten

Sommer in Deutschland, an die hektische Arbeit in der Geburtsklinik und an ihr Privatleben, das eigentlich gar keines war. Und sie gestattete sich einen kurzen Traum: ein Leben hier auf Sardinien, als selbständige Hebamme, so wie Martha Tommasini eine war. Vielleicht die Zusammenarbeit mit Federico … An diesem Punkt tauchte Sina unter Wasser, machte ein paar kräftige Schwimmzüge und hoffte, sie könnte sich so von jedem Gedanken, von jeder Sehnsucht reinwaschen.

Als sie endlich zurück zum Strand schwamm, hatte sich die vorhin noch spiegelglatte Oberfläche des Meeres verändert. Mit dem aufkommenden Wind bildeten sich Wellen auf dem Wasser und wiegten Sina hin und her. Teils zogen sie in Richtung Festland, teils drängten sie zurück. Es war, als spielten sie mit der Schwimmerin, und als Sina kräftiger ausholte und schließlich den Strand erreichte, umspülten sie nur noch ihre Füße, wie um ihr zu sagen: Du kommst ja doch wieder.

In all den Jahren seit dem Tod ihrer Eltern hatte Sina noch keinen Moment reinen Glücks wie diesen erlebt. Sie fühlte sich eins mit der Sonne, dem Meer, mit dem Inbegriff von traumhaft schöner Natur.

Als sie beim Mittagessen neben Kerstin auf der Hotelterrasse saß, suchte Sina eine Zeitlang nach den richtigen Worten, bis sie schließlich sagte: »Ich habe heute Nacht beschlossen, dass ich Federico nicht wiedersehen will.«

»Feigling.« Kerstin gab den Versuch auf, ihre Spaghetti aufzurollen, und machte sich zum Entsetzen des Kellners mit einem Messer daran zu schaffen. Dann schaufelte sie sich mit einem Löffel die klein geschnittenen Nudeln samt Meeresfrüchten in den Mund und kaute mit sichtlichem

Genuss. Erst als sie sie heruntergeschluckt hatte, sagte sie noch einmal laut und deutlich: »Feigling.«

Sina zuckte unter dem einen klaren Wort zusammen, aber sie war ja noch nicht fertig. »Heute früh war ich schwimmen«, fuhr sie fort. »Und da habe ich meine Meinung geändert.«

»Hä? Wieso das denn plötzlich? Bist du irgendeinem antiken Meeresgott begegnet?« Kerstins Augen waren vor Überraschung weit aufgerissen. Sie vergaß sogar ihre Nudeln.

Sina zögerte. »Ich kann es nicht erklären«, sagte sie nach einer Weile. »Aber ich habe mich auf einmal glücklich gefühlt, und ich will versuchen, dieses Gefühl wiederzufinden.«

»Dann los!«, sagte Kerstin. »Erzähl mir erst mal, wie es gestern war, und dann sehen wir weiter.« Gleichzeitig wedelte sie mit einer Hand den Kellner fort, der es wagen wollte, die misshandelten Spaghetti frutti di mare abzuräumen, und führte den nächsten Löffel zum Mund.

Noch am selben Abend unternahm Sina den nächsten Versuch, Federico zu sehen. Von Martha hatte sie erfahren, dass er mit ein paar Freunden in einem Fischlokal an der Hafenmole essen würde. Sie hatte Angst davor, ihn inmitten vieler Menschen zu treffen, aber ihr blieb keine Wahl. Ihn einfach nur anzurufen wäre noch schlimmer gewesen. Aber noch bevor sie den Hafen erreichte, war sie ein Nervenbündel.

»Den Stress hättest du dir sparen können«, sagte Kerstin, die zu ihrer Unterstützung mitgekommen war. Sie standen in einiger Entfernung von dem Ristorante und erkannten trotz der Entfernung die Gruppe um einen großen Tisch. Sina verstand nicht gleich, was Kerstin meinte. Zu sehr war sie in den Anblick von Federico vertieft. Er war noch immer so schlank, wie sie ihn in Erinnerung hatte, und sein Haar wirkte genauso voll wie damals.

»Von wegen Bierbauch und Halbglatze«, murmelte sie vor sich hin.

Kerstin stieß sie unsanft in die Rippen. »Jetzt krieg dich mal wieder ein und guck ganz genau hin. Siehst du dieses blonde Gift neben ihm? Ich wette, das ist die Sprechstundenhilfe.«

»Ja.« Sina erstarrte, als sie jetzt sah, wie die Frau sich zu Federico beugte und ihn anstrahlte.

Instinktiv machte sie kehrt und lief davon.

Federico verstand nicht, was plötzlich in Lorella gefahren war. Schlagartig schien die Eiszeit beendet, und sie benahm sich überaus freundlich. Ja, sogar liebevoll. Sogar zu dem Essen heute Abend hatte sie mitkommen wollen. »Es sind doch auch meine Freunde«, hatte sie gesagt.

Nun saß sie neben ihm, umgarnte ihn, und er fühlte sich immer unwohler. Am Tisch wurden schon vielsagende Blicke getauscht.

»Lorella«, sagte er plötzlich so laut, dass alle ihn hören konnten. »Was soll das?«

Sie sah ihn aus unschuldigen Augen an. »Carissimo, es tut mir so leid, dass ich so unfreundlich zu dir war. Das wollte ich dir heute Abend vor allen Freunden sagen. Ich möchte, dass wir wieder nett zueinander sind, aber keine Angst, mehr will ich nicht. Ich mag dich sehr, aber nur noch wie einen Freund.«

Anerkennender Applaus wurde laut, und Federico lächelte erleichtert. Trotzdem, irgendetwas stimmte hier nicht. Lorellas Verwandlung kam doch allzu plötzlich. Einen Moment lang spürte er einen Blick auf sich ruhen, wie aus weiter Ferne. Ein Gefühl berührte sein Herz, eine Sehnsucht oder …

»Cin cin!«, rief Lorella laut, und alle am Tisch stimmten mit ein.

Tagelang musste Martha auf Sina einreden, um sie zu überreden, einen weiteren Versuch zu wagen. »Lorella ist eine Schlange«, sagte sie frei heraus. »Die hat zwei und zwei zusammengezählt und will jetzt mit allen Mitteln ein Wiedersehen zwischen euch verhindern. Wenn sie Federico schon nicht haben kann, dann soll ihn auch keine andere haben.«

Kerstin, die bei dem Gespräch dabei war, tippte sich gegen die Stirn. »Bekloppt.«

»Richtig«, erwiderte Martha. »Und Sina darf nicht darauf reinfallen.«

Aber Sina fühlte sich entmutigt, und sie verbrachte ihre Zeit lieber am Strand als bei dem sinnlosen Unterfangen, der Vergangenheit hinterherzulaufen. Das Problem war nur: Jedes Mal, wenn sie im kristallklaren Meer badete, verlor sich ein kleines Stück von ihrem alten Hass auf Federico, und die leere Stelle in ihrem Innern wurde mit Liebe aufgefüllt.

11. Kapitel

»Es ist wie verhext«, sagte Sina und kaute lustlos an ihrem Frühstücksbrötchen. »Jetzt sind wir schon eine Woche auf der Insel, und ich schaffe es einfach nicht, Federico zu sehen.«

»Verhext kommt hin.« Kerstin machte sich über eine große Portion Rührei mit Speck her. Sie hatte auf Sardinien ihren gesunden Appetit wiedergefunden. »Und die Hexe hat auch einen Namen: Lorella Ward.«

Sina nickte unglücklich. »Gestern habe ich die beiden aus der Ferne gesehen. Sobald ich näher kam, hat Lorella Federico in irgendein Geschäft gedrängt. Es war mir einfach zu peinlich, hinterherzugehen. Außerdem möchte ich ihn allein wiedersehen.«

»Klar, aber dann müssen wir diese blonde Miss Sardinien wohl erst von der nächsten Steilklippe werfen.«

Sina wollte lachen, doch es kam nur ein trockenes Schluchzen aus ihrer Kehle.

Es war zum Verzweifeln. Während ihre Sehnsucht nach Federico von Tag zu Tag wuchs, ahnte er vermutlich noch nicht einmal, dass sie sich ganz in seiner Nähe befand. Und je mehr Zeit verstrich, desto verzagter wurde Sina. Was, wenn sowieso alles sinnlos ist? fragte sie sich oft. Es war doch möglich, dass Federico nichts mehr von ihr wissen wollte, dass er sie längst vergessen hatte.

Oder, schlimmer noch: Dass er sie gar nicht mehr erkennen würde. Sina wusste nicht, was sie in dem Fall tun würde, sie ahnte nur, ihr Leben wäre danach nicht mehr dasselbe.

Martha Tommasini war da anderer Meinung. Sie behauptete nach wie vor, Federico liebe Sina noch immer.

Sina wurde aus dieser Frau nicht schlau. Kerstin, die Martha inzwischen kennengelernt hatte, ging es genauso. »Sie ist nett und ganz der mütterliche Typ. Aber sie führt etwas im Schilde«, hatte gestern Abend ihr Kommentar gelautet. Da waren die Freundinnen von einem Abendessen mit Martha zurück in die Villa Margherita gefahren.

Jetzt sah Kerstin, wie Sina plötzlich mit den Tränen kämpfte, und kam schnell wieder auf den Abend mit Martha zu sprechen. »Ihre Ansichten sind ja teilweise vorsintflutlich«, regte sie sich auf. »Von wegen, Väter haben im Kreißsaal nichts zu suchen und so.«

Sina nickte. Sie war froh über die Ablenkung. »Du kannst es ihr nicht verdenken. Martha hat den Beruf vor fast fünfzig Jahren erlernt. Damals war vieles anders. Und die Babys sind auch auf die Welt gekommen.«

Kerstin runzelte nachdenklich die Stirn. »Mag ja sein, aber bei uns in Sankt Marien wäre sie heute ein echter Dinosaurier.«

»Vergiss nicht, dass sie eine Freundin von unserem Chef ist. Zu ihrer Zeit hat sie bestimmt hervorragende Arbeit geleistet.«

Kerstin hob die Hände, wie um sich zu ergeben, was ein Kellner missverstand und sofort herbeieilte. Sie nutzte die Gelegenheit und bestellte sich ein paar Butterhörnchen und einen Obstsalat.

»An den Service könnte ich mich gewöhnen«, sagte sie mit einem zufriedenen Seufzer und lehnte sich zurück. Vorbei war es mit ihren Beschwerden über die steifen Bediensteten.

Sina musste sich ein Grinsen verkneifen. So schnell konnte man sich ändern.

»Ach, Kerstin, was wäre ich nur ohne dich.«

»Ein Trauerkloß, ist doch klar. Du hättest ja nie was zu lachen.«

»Stimmt. Und ich würde mich schrecklich einsam fühlen.«

»Frag mich mal! Wenn ich mir vorstelle, ich müsste mit meinem gebrochenen Herzen jetzt allein im deutschen Dauerregen sitzen ... Puh! Nicht auszudenken. Dann doch lieber in der Sonne Sardiniens. Da bleibt mein Herz zwar trotzdem gebrochen, aber ich werde wenigstens schön braun.«

Angesichts solch unerschütterlicher Logik lachte Sina laut heraus.

»Hast du etwas von Florian gehört?«, fragte sie dann. Sie wollte einfach mal einen Moment weder über Federico noch über Martha nachdenken. Schon gar nicht über die imposante Lorella.

»Nee!« Kerstin rammte die Gabel in ihr Rührei, als sei es das hübsche Antlitz von Dr. Florian Weiß.

Seit einer Woche hoffte sie, er würde durch ihre Abwesenheit begreifen, was er an ihr hatte. Mit jedem Tag, der ohne Anruf, ohne SMS verging, verschwand diese Hoffnung ein wenig mehr. Sie verzog angewidert das Gesicht und schob ihren Teller weg. Der Kellner kam mit ihrer Bestellung, sie winkte ihn fort.

»Musst du mir eigentlich alles nachmachen?«, fragte Sina und zerbröselte den Rest ihres Brötchens auf dem Teller.

»Was?«

»Ich bin diejenige, die nichts mehr essen kann, wenn sie an den Mann ihres Herzens denkt.«

»Ist wohl ansteckend«, erwiderte Kerstin feixend. Wieder hob sie die Hand, um den Kellner fortzuwinken. Sina sah auf, erkannte die Gestalt hinter ihrer Freundin und sperrte vor Überraschung den Mund auf.

»Die Männer können einem wirklich auf den Magen schlagen«, fuhr Kerstin fort.

»Das will ich doch nicht hoffen«, sagte die Gestalt hinter ihr. »Du gefällst mir nämlich so, wie du bist.«

Kerstin stieß einen Schrei aus und sprang auf. Ein paar alte englische Damen am Nebentisch verzichteten darauf, indigniert zu gucken. Bei diesem german girl musste man auf alles gefasst sein. Sie putzten lieber schnell ihre Brillen, um genau mitzubekommen, wie diese stets etwas zu laute junge Frau jetzt ihrem Besucher um den Hals fiel und ihn schmatzend abküsste. Die Ladys bekamen vor Rührung plötzlich feuchte Augen und erinnerten sich an damals, als sie selbst jung und verliebt gewesen waren. Von nun an würden sie dem Mädchen sein unmögliches Benehmen nachsehen.

Sina fühlte sich merkwürdig. Wie versteinert. Ein Teil von ihr freute sich für Kerstin, die an Florians Hals hing und ihr Glück gar nicht fassen konnte. Ein anderer Teil blieb seltsam gefühllos, so als müsste sie sich bei diesem Anblick schützen, um nicht zu zerbrechen.

»Du bist mir nachgereist!«, stellte Kerstin gerade zum zehnten Mal fest. »Bis nach Sardinien! Du! Mir!«

Florians Gesicht hatte eine zartrosa Tönung angenommen. »Ähm, ja. Sieht so aus.«

Auf einmal löste sich Sina aus ihrer Erstarrung und grinste breit. Florian würde sich daran gewöhnen müssen, dass Kerstin nicht zu den leisen, zurückhaltenden Frauen gehörte. Aber das würde er schon schaffen.

»Herzlich willkommen«, sagte sie und stand auf.

»Oh, hallo, Sina.« Er wirkte einen Moment verlegen, aber dann verschwand sein Kopf wieder in Kerstins Umklammerung.

»Na, ich gehe dann mal«, sagte sie noch. Keiner der beiden hörte sie.

Martha Tommasini stieß einen leisen Fluch aus, als sie die deutsche Telefonnummer auf dem Display ihres Handys erkannte. *Der* schon wieder, dachte sie und fuhr sich müde über die Augen. Ein, zwei Sekunden lang war sie versucht, das Gespräch wegzudrücken, aber sie wusste, er würde nicht lockerlassen.

»Pronto!«, meldete sie sich mit einer Stimme, die normalerweise panischen Erstgebärenden einen solchen Schrecken einjagte, so dass sie schlagartig vergaßen, wovor sie eben noch Angst gehabt hatten.

Der Anrufer ließ sich allerdings nicht einschüchtern. »Na endlich, du bist ja schwerer zu erreichen als der König von Italien.«

»Kann ich mir nicht vorstellen. Der hat nach dem Krieg abgedankt und ist inzwischen gestorben. Aber sein Enkel, der schöne Prinz Emanuele Filiberto von Savoyen, tritt manchmal im Fernsehen auf und wird von sämtlichen Italienerinnen im Alter über zehn Jahren geliebt. Soll ich dir seine Nummer besorgen?«

Auch ihr Spott prallte an ihm ab.

Professor Reinhold Haber ließ sie einfach ausreden, wartete ab, bis sie Luft holen musste, und fragte dann: »Und? Wie läuft es mit deiner kleinen Intrige? Hast du die beiden

Liebenden schon miteinander verkuppelt? Ich rechne fest mit einer Einladung zur Hochzeit.« Er schickte ein unechtes Lachen hinterher.

»Es könnte nicht besser laufen«, erwiderte Martha mit ihrer strengen Hebammen-Stimme. In Wirklichkeit war das genaue Gegenteil der Fall, aber das musste der Professor nicht wissen. Martha biss sich nervös auf die Unterlippe. Dabei hatte sie alles so schön geplant! Sie war sicher gewesen, dass Sina und Federico einander nur begegnen müssten, um die alten schmerzenden Wunden zu schließen und um ein neues glückliches Leben miteinander zu verbringen.

Zu dumm nur, dass sie dabei einen Punkt völlig übersehen hatte, oder, genauer gesagt: eine Frau. Lorella. Schon seit Tagen war Martha klar, dass sie Lorella völlig unterschätzt hatte, und Federico, dieser Dummkopf, merkte nichts. Mit ihrem neuesten Gefasel von guter Freundschaft hatte Lorella ihn komplett eingewickelt. Jetzt verbrachte sie mehr Zeit mit ihm als während ihrer Beziehung. Sie war zu seinem Schatten geworden. Seit vorgestern begleitete sie ihn sogar zu Hausbesuchen, weil sie behauptete, sie wolle im Herbst ein Medizinstudium aufnehmen. An Federicos Seite könne sie schon ein wenig praktische Erfahrungen sammeln.

Maledizione! Nicht ein Wort glaubte ihr Martha. Lorella hatte instinktsicher in Sina die Nebenbuhlerin der etwas anderen Art erkannt, und nun tat sie alles, um eine Begegnung zwischen Sina und Federico zu verhindern. Nicht aus Liebe, davon war Martha überzeugt. Aus reiner Rachsucht! Bestimmt hatte sie längst herausgefunden, wer Sina war und wie lange sie auf der Insel bleiben würde. Eine Woche lang war sie schon erfolgreich gewesen, jetzt musste sie nur noch eine weitere Woche durchhalten, dann würde Sina wieder abreisen, und Federico würde nie erfahren, wie nah sie ihm gewesen war.

Mehr als einmal war Martha versucht gewesen, ihm einfach alles zu erzählen. Dann hätte er Lorella zum Teufel schicken können und wäre vielleicht auf dem schnellsten Weg zu Sina gefahren. Aber ein leiser Zweifel hatte sie jedes Mal davor zurückgehalten. Und wenn nicht? hatte sie sich gefragt. Wenn Federico am Ende auf Martha böse wurde, weil sie sich in sein Leben einmischte? Nein, das wollte sie nicht riskieren. Und wenn er dann aus lauter Zorn nicht einmal Sina sehen wollte? Dann wäre alles umsonst gewesen. Federico war ein stolzer Mann, da schlug der sardische Teil seiner Familie durch. Er würde sich wie eine Marionette in Marthas persönlichem Theater fühlen und dabei glatt übersehen, dass sie es wirklich gut mit ihm meinte.

Die einzige Chance bestand in einer plötzlichen Begegnung von Sina und Federico. Die Frage war nur, wie sie das bewerkstelligen sollte.

Martha nagte immer noch an ihrer Unterlippe und hörte eher geistesabwesend die Stimme von Professor Haber: »Wirklich überzeugt klingst du aber nicht. Ich gebe die Hoffnung nicht auf, dass ich eine meiner besten Hebammen wiederbekomme. Am besten mit einem hervorragenden Gynäkologen dazu.«

»Da kannst du hoffen, bis du schwarz wirst«, erwiderte Martha giftig und beendete schnell das Gespräch. Aber sie hörte noch sehr deutlich das siegessichere Lachen von Professor Haber.

Eine Stunde später war Martha Tommasini mit ihren Überlegungen noch keinen Schritt weiter. Schließlich stieg sie in ihren alten Fiat 500 und machte sich auf den Weg zur Villa

Margherita. Vergeblich klopfte sie an die Zimmertür der beiden jungen Hebammen. Endlich fand sie im Garten Kerstin, die eng umschlungen mit einem gutaussehenden jungen Mann auf einer Bank saß und aussah wie das personifizierte Glück. Es dauerte eine kleine Ewigkeit, bis sie Martha überhaupt wahrnahm und sich mit einem bedauernden Lächeln von dem jungen Mann trennte.

»Das ist Dr. Florian Weiß. Er ist mir nachgereist. Bis nach Sardinien!«

»Wie schön«, erwiderte Martha und ließ sich ihre Überraschung nicht anmerken. Hier waren nun zwei Menschen glücklich, doch es waren die falschen – zumindest was Marthas ganz persönliche Pläne betraf. Aber sie lächelte freundlich und reichte dem jungen Arzt die Hand. Dann wandte sie sich wieder an Kerstin. »Wo kann ich Sina finden?«

»Sina?« Einen Moment schien Kerstin die Existenz ihrer Freundin vergessen zu haben, aber sie fing sich schnell. »Ich weiß nicht. Ich habe sie seit dem Frühstück nicht gesehen. Schätze mal, sie ist an den Strand gegangen. Soll ich sie anrufen?«

»Ja bitte, und geben Sie mir bei der Gelegenheit auch gleich ihre Handynummer.«

Kerstin erwischte nur Sinas Mailbox und hob bedauernd die Schultern. »Bestimmt hält sie Zwiesprache mit dem Meeresgott.«

»Wie bitte?«

»Sie schwimmt sehr viel.«

»Verstehe. Dann gehe ich runter zum Strand und suche sie.«

»Sollen wir mitkommen?«

»Nicht nötig.«

»Aber wenn es etwas Wichtiges ist …«

»Eigentlich … nein, ich wollte nur noch einmal mit ihr reden.«

Kerstin nickte, doch Martha konnte ihr ansehen, wie wenig sie noch an ein glückliches Ende für Sina und Federico glaubte.

Im nächsten Moment widmete sie sich ganz ihrem Freund, und Martha spürte einen Stich im Herzen. Ganz so, wie Florian Weiß jetzt Kerstin anschaute, hatte einst auch ihr Nino sie angeschaut. Voller Liebe und mit einem Versprechen für die Zukunft.

Mit einem Seufzen wandte sich Martha ab und machte sich auf den Weg zum Strand hinunter.

Jetzt zur Mittagszeit waren die Liegestühle leer. Die Gäste aus dem Norden mieden die heiße Sonne und würden erst später zurückkehren. Hier und da entdeckte Martha ein paar Handtücher, und sie fragte sich, ob eines davon Sina gehörte. Dann kniff sie Augen zusammen und suchte angestrengt die spiegelglatte Wasseroberfläche ab. Nirgends konnte sie eine Schwimmerin entdecken. Auch der große Kalksteinfelsen in etwa fünfzig Metern Entfernung wirkte, abgesehen von einer Möwenkolonie, verlassen. Weiter draußen ankerte eine blendend weiße Motoryacht, doch sie wirkte wie ausgestorben. Zumindest war kein Mensch an Deck zu erkennen.

Martha musste an Kerstins Bemerkung über den Meeresgott denken und schauderte plötzlich. Lange stand sie am Ufer und wartete.

Sina tauchte nicht auf.

Endlich wandte sich Martha ab und ging fort.

12. Kapitel

»Komm mit«, sagte Kerstin und zog Florian von der Bank hoch.

»Wohin denn?«

»Ins Zimmer.«

Seine Augen leuchteten auf, aber Kerstin schüttelte schnell den Kopf. »Nicht, was du denkst. Dafür haben wir noch Zeit genug.« Sie bemerkte, wie ihm die Röte ins Gesicht stieg, und lächelte glücklich. Ein Mann, der noch verlegen werden konnte. Wer hätte das von dem allgemeinen Frauenschwarm gedacht?

»Wir müssen nachdenken«, erklärte sie ihm. »Über Sina. Und dafür brauchen wir Ruhe.«

»Okay«, erwiderte er nur und folgte ihr. Dafür war sie ihm dankbar. Florian bombardierte sie nicht mit neugierigen Fragen, sondern wartete geduldig ab, bis sie so weit war, dass sie ihm die ganze Geschichte erzählen wollte. Was auch daran liegen mochte, dass er sich im Moment für nichts anderes als für Kerstin interessierte. Dieser Gedanke war so ungeheuerlich, dass sie am liebsten laut singend und tanzend im Garten herumgehüpft wäre. Einzig die Sorge um Sina hielt sie davon ab.

Eine halbe Stunde später hatte sie Florian in groben Zügen über alles in Kenntnis gesetzt. Zunächst hatte sie gezögert, schließlich ging es hier um Sinas persönliches Schicksal. Aber dann hatte sie einfach beschlossen, dass in dieser verfahrenen Situation jeder Komplize auf ihrer Seite hilfreich sein konnte. Zuletzt schilderte sie noch die vergeblichen Versuche, Sina mit Federico zusammenzubringen.

Florian schwieg lange, als sie geendet hatte. Er legte nachdenklich einen Finger an die Nase und schaute über die offene Balkontür hinaus aufs Meer. Endlich sagte er: »Martha, du und Sina, ihr habt einen entscheidenden Fehler gemacht.«

»So? Und welchen?« Kerstin musste ihren Stolz hinunterschlucken und durfte nicht zeigen, dass sie beleidigt war. Ihrer Meinung nach war sie nämlich eine ziemlich gute Freundin und unterstützte Sina, wo sie konnte.

»So habe ich es nicht gemeint«, sagte Florian zärtlich und strich ihr sanft über die Wange. Diesmal war es an Kerstin, rot zu werden. Sie hätte nicht gedacht, dass ihre Gefühle so deutlich im Gesicht abzulesen waren.

Sie küsste seine Fingerspitzen. »Schon gut.«

»Ich finde es nur seltsam«, fuhr er fort, »dass eine einzelne Person euch drei so einfach an der Nase herumführen kann.«

Plötzlich ahnte Kerstin, worauf er hinauswollte. »Du meinst, Martha und ich sollen nicht nur auf Sina einreden, sondern ...«

»Aktiv werden«, beendete Florian den Gedanken für sie.

»Einmal habe ich Sina zum Hafen begleitet«, führte Kerstin zu ihrer Verteidigung an. »Aber das hat nichts gebracht.«

Florian nickte. »Du hast es gut gemeint. Ich denke nur, da geht noch mehr. Ihr seid zu dritt, diese Lorella ist nur eine Person. Da müsste es euch doch gelingen, einen Weg zu finden.«

Kerstin küsste Florian lange und ausgiebig. »Du bist genial«, sagte sie dann.

Er lachte. »Dazu gehört nicht viel. Nur ein bisschen Erfahrung in Kriegstaktik.«

»Was?«

»Wenn ich Bereitschaft habe, vertreibe ich mir manchmal die Zeit mit Kriegsspielen am PC.«

»Interessant«, erwiderte Kerstin und merkte sich die Sache für später, wenn es an der Zeit sein würde, ihm ein paar Laster abzugewöhnen.

»Und jetzt sind wir sogar zu viert«, fügte Florian hinzu, woraufhin Kerstin beschloss, dass sie ihm das eine oder andere harmlose Laster auch lassen konnte.

»Was hältst du davon, wenn wir uns diese Lorella Ward mal näher ansehen?«, fragte er.

»Davon halte ich ausgesprochen viel«, sagte Kerstin. »Ich weiß, wo die Praxis ist, und ich weiß von Martha, wo sie wohnt. Wir schauen uns einfach mal ein wenig um.«

»Und um nicht aufzufallen, tun wir so, als seien wir ein verliebtes Touristenpärchen«, schlug Florian vor.

Kerstin boxte ihn spielerisch in die Rippen. »Was soll das denn heißen? Nur so tun?«

Der nächste Kuss dauerte ziemlich lange, und sie mussten sich beide zwingen, an die vor ihnen liegende Aufgabe zu denken.

Kurz bevor sie das Zimmer verließen, hatte Kerstin noch eine Idee.

»Warte mal«, sagte sie, lief zu einem Beistelltischchen und schnappte sich ihre handliche Digitalkamera, mit der sie bisher noch keinen einzigen Promi eingefangen hatte. »Vielleicht ist das Ding ja zu etwas nütze.«

Eine gute Stunde zuvor hatte Sina nachdenklich auf ihrem Liegestuhl am Strand gelegen und die Augen im grellen

Sonnenlicht geschlossen. Es war bald Mittag und Zeit, zur Villa Margherita zurückzugehen. Aber sie scheute davor zurück, sich Kerstins junges Glück anzuschauen, und so blieb sie, wo sie war, obwohl die Hitze immer mehr zunahm. Gerade als sie beschlossen hatte, noch einmal ins Wasser zu gehen, hörte sie das Motorengeräusch. Sina setzte sich auf und sah, wie ein kleines Beiboot mit hoher Geschwindigkeit aufs Land zuraste. Es musste zu der Luxusyacht gehören, die in einiger Entfernung ankerte und die Sina schon bewundert hatte, als sie zum ersten Mal an diesem Vormittag bis zum Felsen geschwommen war. Sie kannte sich auf dem Gebiet nicht so aus, hatte nur mal irgendwo gelesen, dass sich die Reichen dieser Welt immer größere Yachten bauen ließen, nach dem Motto: Wer hat die Längste? Diese hier wirkte nicht so riesig und protzig, war vielleicht zwanzig Meter lang und weckte in Sina sowieso keine Neidgefühle. Reichtum hatte sie im Leben noch nie interessiert. Sie holte lieber Babys auf die Welt und war mit ihrem Auskommen zufrieden. Meistens jedenfalls.

Das Boot erreichte den Strand, zwei Männer sprangen heraus und kamen auf Sina zugelaufen.

Plötzlich stieg heiße Angst in ihr auf, und sie dachte an all die Entführungsgeschichten, die es auf Sardinien schon gegeben hatte. Dann schalt sie sich selbst einen Dummkopf. Sie war weder reich noch berühmt. Da hatten Banditen kein Lösegeld zu erwarten.

Hauptsache, die beiden Männer wussten das auch.

Zur selben Zeit sah Federico Bergmann in seiner Praxis Lorella an und schüttelte zweifelnd den Kopf. »Du willst schon wieder mit zu einem Hausbesuch kommen? Warum denn nur?«

Seine Assistentin griff schon nach ihrer Handtasche. »Hab ich dir doch gesagt. Ich will was lernen.«

Auf einmal hatte er das deutliche Gefühl, dass sie nur ein Spielchen mit ihm spielte. Er setzte sich auf die Kante seines Schreibtisches und verschränkte die Arme vor der Brust.

»Jetzt mal Schluss mit dem Theater. Seit einer Woche weichst du mir nicht mehr von der Seite. Ich kann ja schon froh sein, dass ich irgendwann spätabends allein in meinem Bett schlafen darf. Scusa. Entschuldige, das war nicht so gemeint«, fügte er schnell hinzu, als er ihren Gesichtsausdruck bemerkte. »Ich wollte dich nicht verletzen.«

Tränen sammelten sich in Lorellas Augen, und Federico verfluchte sich selbst. Er hatte die Sache völlig falsch angepackt. Eine Weile wartete er ab, dann unternahm er einen neuen Versuch: »Bisher hast du immer behauptet, die Medizin sei nichts für dich. Erstens kannst du kein Blut sehen, und zweitens hast du nicht die Geduld, ein langes Studium durchzuziehen. Das waren so ungefähr deine Worte.«

In Lorellas Blick trat ein trotziger Ausdruck. »Na und? Der Mensch kann sich ändern, oder nicht? Vielleicht ist mir ja klargeworden, dass ich mir eine eigene Zukunft aufbauen muss, da aus uns ja nichts mehr wird.«

Verdammt! dachte Federico. Sie schaffte es immer noch, ihm ein schlechtes Gewissen einzureden.

»Und deshalb willst du jetzt zu jedem Hausbesuch mitkommen?«

»Genau. So kann ich mich schon mal auf mein Studium vorbereiten.«

»Aber du weißt doch, dass du bei den Untersuchungen gar nicht dabei sein darfst.«

»Oh, das macht nichts.« Jetzt strahlte sie wieder. »Du

erzählst mir immer gleich alles, und so komme ich ein ganzes Stück voran.«

Federico schüttelte den Kopf, aber noch während er nach dem nächsten Gegenargument suchte, klingelte sein Handy.

»Das Baby kommt!«, schrie eine Männerstimme auf Deutsch, die Federico sofort erkannte.

»Unmöglich«, erwiderte er ruhig. »Claudia ist erst in der fünfunddreißigsten Woche.«

»Sag das mal dem Baby! Vielleicht gefällt ihm ja die Schaukelei so gut, dass es schön früher rauswill.«

»Bleib ganz ruhig, Robert. Ich bin schon auf dem Weg«, erwiderte Federico und schnappte sich seine Arzttasche. »Sag mir, wo ihr genau seid.«

Während Robert Köppen antwortete, bemerkte Federico aus den Augenwinkeln, dass Lorella ihm nachlief. Das Telefon der Praxis läutete, aber sie kümmerte sich nicht darum. Federico knirschte mit den Zähnen. Früher oder später musste er Lorella ein für alle Mal klarmachen, dass sie sich wieder auf ihre eigentliche Aufgabe konzentrieren musste. Aber jetzt war dafür keine Zeit. Wenn es bei Claudia wirklich losging, hatte er andere Sorgen.

Claudia und Robert Köppen waren seit zehn Jahren mit Federico befreundet. Sie lebten in Köln und verbrachten jedes Jahr ihren Sommerurlaub an der Costa Smeralda. Sie waren ganz normale Leute, beide Lehrer und schon über vierzig. Es machte ihnen Spaß, einmal im Jahr ein wenig Luxus zu genießen, und dafür charterten sie sogar eine Yacht.

Als er von Claudias später Schwangerschaft erfuhr, hatte Federico den beiden von ihrem Urlaub abgeraten. Aber das Ehepaar war trotzdem gekommen. Ihr Frauenarzt zu Hause hätte keinerlei Bedenken gehabt, erklärte ihm Claudia bei ihrer Ankunft und tätschelte ihren runden Bauch.

Federico hatte genickt und trotzdem auf einer gründlichen Untersuchung bestanden. Erst als er sich davon überzeugt hatte, dass es der werdenden Mutter und dem ungeborenen Baby gut ging, hatte er sein Okay für die Ausflüge mit der gecharterten Yacht gegeben.

Diese Entscheidung bedauerte er jetzt zutiefst.

Im Laufschritt erreichte er sein Auto und sprang hinein. Lorella ließ sich neben ihn auf den Beifahrersitz fallen. Federico warf ihr sein Handy zu. »Lass dir von Robert genau erklären, wo das Beiboot auf uns wartet.«

»Va bene«, sagte sie nur.

Einer der beiden Männer, die auf Sina zuliefen, hatte ein Handy am Ohr und brüllte auf Deutsch eine Lagebeschreibung.

Es beruhigte sie, ihre Muttersprache zu hören, und als die Männer etwa die Hälfte der Strecke zwischen dem Wasser und ihrem Liegestuhl zurückgelegt hatten, hätte sie über ihre eigene Angst lachen können. Die beiden sahen so gar nicht wie Piraten oder Mafiosi aus. Der Mann mit dem Handy war Mitte bis Ende vierzig, trug karierte Shorts, ein Unterhemd, Birkenstock-Sandalen und eine hellblaue Socke. Sina schaute noch einmal hin. Tatsächlich. Nur eine Socke, am linken Fuß. Offensichtlich war er in größter Eile aufgebrochen.

Schon wieder musste sie sich ein Lachen verkneifen. Der andere Mann war klein, krummbeinig und um einiges älter als der Deutsche. Seine Haut sah aus wie rissiges Leder und zeugte von einem Leben unter südlicher Sonne, vermutlich auf der Yacht da draußen. Sina nahm an, dass er der Skipper war.

»Das sind keine Vorwehen!«, schrie der Deutsche jetzt in sein Handy. »Das sind Geburtswehen! Ich weiß das. Ich hab doch den ganzen verfluchten Vorbereitungskurs mitgemacht. Wann bist du hier? Was? Das darf doch nicht wahr sein! Ich muss aber sofort zurück aufs Schiff.«

Sina spitzte die Ohren, als der Mann jetzt seinen Lauf verlangsamte und ziemlich kleinlaut wirkte. »Ja, ich weiß. Ich hätte sie nicht allein lassen dürfen. Aber unsere Nichte ist bei ihr, und ich dachte, ich hol dich schnell ab. Weißt du, Claudia schreit ziemlich laut.«

Sina verzog keine Miene, bei sich dachte sie jedoch: Klarer Fall von Panikattacke beim werdenden Vater.

»Also gut«, sagte der Mann jetzt in sein Handy. »Ich fahre sofort zurück und schicke dann den Skipper wieder an den Strand, damit er auf dich wartet.«

Damit klappte er das Gerät zu und sah sich einen Augenblick lang hilflos um. »Wir müssen umkehren, Guido«, sagte er zum Skipper, der offenbar gut Deutsch verstand, denn er war schon vorher abwartend stehengeblieben. Sofort nickte er und machte auf dem Absatz kehrt.

»Warten Sie«, rief Sina und ging zwei Schritte auf den Deutschen zu.

»Ja?« Er schien sie erst jetzt überhaupt wahrzunehmen, obwohl sie vorhin den Eindruck gewonnen hatte, er laufe direkt auf sie zu.

»Nehmen Sie mich mit auf Ihre Yacht. Ich kann Ihrer Frau helfen.«

»Sie?« Sein Blick glitt zweifelnd an ihrer zierlichen Figur auf und ab, die in einem knappen Bikini steckte. »Ich wüsste nicht, was ein Mädchen wie Sie ...«

Sina schluckte ihren Ärger hinunter. »Ich bin ausgebildete Hebamme. Meinen Ausweis habe ich gerade nicht dabei, aber wenn es Sie beruhigt: Ich bin schon seit acht Jahren über achtzehn.«

»So«, sagte der Mann verwirrt.

»Was hat der Arzt gesagt, wie lange dauert es, bis er hier sein kann? Sie haben doch gerade mit einem Arzt telefoniert?« Erst in dieser Sekunde ging ihr auf, dass es sich dabei ebenfalls um einen Deutschen handeln musste, um ...

»Dr. Bergmann sitzt irgendwo im Stau fest. Eine halbe Stunde kann es noch dauern«, gab der Mann Auskunft und stellte sich endlich als Robert Köppen aus Köln vor.

Federico! schoss es Sina durch den Kopf. Federico war auf dem Weg hierher! War jetzt der Moment gekommen? Würde sie ihn in der nächsten Stunde wiedersehen?

Gleich darauf gab sie sich einen Ruck und schob alle privaten Gefühle beiseite. »Wir fahren jetzt zur Yacht, und ich kümmere mich um Ihre Frau«, sagte sie in einem Befehlston, der bei diesem verwirrten Robert Köppen endlich anzukommen schien. »Dann schicken Sie ihren Skipper zurück, wie Sie es ... dem Arzt versprochen haben. Sie wollen doch nicht den Moment der Geburt verpassen?«

Robert Köppen sah ganz so aus, als er ob er genau dies im Sinn hätte, aber schüttelte tapfer den Kopf.

13. Kapitel

Zur selben Zeit, während Martha Tommasini den Strand nach Sina absuchte, sagte diese zu Claudia Köppen: »Noch einmal, meine Liebe. Das Köpfchen ist schon da. Ja, so ist es gut. Geschafft!« Das Neugeborene war zart, aber Sina sah auf den ersten Blick, dass es trotz seiner frühen Geburt stark genug war. Vorsichtig wischte sie ihm das zerknautschte Gesicht frei, stellte fest, dass es regelmäßig atmete, legte es der Mutter auf den Bauch und bettete ein vorgewärmtes Handtuch über das Kleine.

»Herzlichen Glückwunsch. Sie haben einen gesunden Sohn.«

Mit einem schnellen Seitenblick stellte sie fest, dass Robert Köppen ziemlich blass um die Nase war. Die zwanzigjährige Nichte namens Anna lag ohnmächtig auf dem zweiten Bett der Kabine. Das Mädchen wäre hier keine Hilfe gewesen.

Sina war gerade noch rechtzeitig auf der Yacht angekommen, um Geburtshilfe zu leisten.

»Danke«, flüsterte Claudia Köppen und strich über den weichen, noch feuchten Haarflaum ihres Sohnes. »Wenn Sie nicht gewesen wären …«

»Sie hätten es auch allein geschafft«, gab Sina überzeugt zurück. Dann wandte sie sich an den Vater: »Möchten Sie ihren Sohn abnabeln?«

»Äh … nein, danke. Machen Sie das ruhig.«

Sina lächelte. »Sie können es sich ja noch einen Moment überlegen. Jetzt warten wir erst mal die Nachgeburt ab.« Sie ließ sich nichts anmerken, aber ihr war ziemlich mulmig zumute. Noch niemals hatte sie außerhalb der perfekt ausgestatteten Klinik Sankt Marien ein Baby zur Welt gebracht. Wenn jetzt Komplikationen eintraten, wenn es zu Blutungen kam, wenn der kleine Junge plötzlich zu atmen aufhörte ...

Mochte ja sein, dass sie schon oft von einem Leben als freie Hebamme geträumt hatte, aber es war doch etwas anderes, so ganz allein auf sich gestellt zu sein.

Hoffentlich war Federico bald da. Erst jetzt fiel ihr wieder ein, dass ihr Wiedersehen nun unter solch dramatischen Umständen stattfinden würde, und ein Frösteln überlief sie.

Wenige Augenblick später hörte sie, wie sich draußen das Beiboot näherte. Sina sah durch das Bullauge hinaus, entdeckte Federico, entdeckte neben ihm die blonde Assistentin – und geriet in Panik.

»Ich ... bin gleich wieder da«, murmelte sie und stürzte hinaus. Als das Boot auf der dem Land zugewandten Seite der Yacht anlegte und gleich darauf schnelle Schritte über das Deck eilten, sprang Sina auf der anderen Seite ins Meer. Sie tauchte unter, kam prustend wieder hoch, umrundete die Yacht und begann in gleichmäßigem Tempo zu schwimmen.

Sie dachte an das Neugeborene und beruhigte sich. Mutter und Kind waren höchstens ein, zwei Minuten allein geblieben. Jetzt war Federico bei ihnen.

Federico.

Lorella.

Sina schluchzte leise auf, bekam Salzwasser in den Mund und spuckte aus.

Die Küste war weit, furchtbar weit entfernt.

»Ist doch ziemlich interessant«, sagte Kerstin und steckte ihre Kamera ein.

Sie saß neben Florian in einem Mietwagen und beobachtete ein Mehrfamilienhaus in der modernen Vorstadt Olbia 2, aus dem gerade ein elegant gekleideter Mann um die dreißig kam. Er stieg in seinen schwarzen Alfa Romeo und fuhr mit aufheulendem Motor davon. Eine halbe Stunde zuvor hatte eben dieser Mann die Wohnung von Lorella Ward betreten, die sich im Parterre rechts befand. Das hatte Kerstin nach einem Blick auf die Klingelschilder herausgefunden. Sie war ziemlich stolz auf ihr detektivisches Talent. Der Mann hatte ein paar Fenster geöffnet und sich eine Weile in der Küche aufgehalten, was Kerstin aus der Tatsache schloss, dass er kurz darauf mit einer Espressotasse in der Hand auf den vorderen Balkon trat. Sie schoss fleißig Fotos.

Nun war er wieder weg.

»Ein Einbrecher war das nicht«, sagte Florian.

»Nee. Der hatte ja einen Schlüssel. Und wie eine Putzfrau sah er auch nicht aus.« Kerstin kicherte. Ihr gefiel dieses Abenteuer, besonders mit Florian an ihrer Seite. »Ich tippe auf neuen Freund.«

»Und was machen wir jetzt?«, fragte er.

»Wir treffen uns mit Martha und zeigen ihr die Fotos. Vielleicht kennt sie den Kerl. Und dann überlegen wir uns die nächsten Schritte. Eins ist jedenfalls klar: Lorella handelt nicht aus Liebe zu Federico.«

Ihr Handy klingelte in der Sekunde, als sie Martha anrufen wollte.

»Kannst du Gedanken lesen?«, fragte sie, nachdem sie die Anruferin erkannt hatte. »Ich wollte dich gerade …«

»Fahr sofort ins Krankenhaus!«, rief Martha. »Sina hatte einen Unfall.«

Kerstin wurde kreideweiß. »O Gott.«

»Was ist los?«, fragte Florian. Aber er wartete auf keine Antwort, nahm ihr das Handy ab und ließ sich von Martha den Weg zum Krankenhaus erklären, während er den Wagen startete. Zwei Minuten später bahnte er sich hupend den Weg durch Olbia.

»Alles in bester Ordnung«, sagte Federico nach einer langen, gründlichen Untersuchung und richtete sich auf. »Das hast du wirklich gut gemacht, Claudia.«

»Ich hatte ja auch eine wunderbare Hilfe.«

Zweifelnd sah Federico zu dem blassen Robert und zu der jungen Anna, die gerade wieder zu sich kam. »Na, ich weiß ja nicht.«

»Doch nicht die beiden.« Claudia lächelte entspannt. »Die deutsche Hebamme hat mir geholfen. Wo ist sie eigentlich? Sie war doch vorhin noch da.«

»Vielleicht ruht sie sich nebenan aus«, mutmaßte Robert. »So etwas erlebt sie bestimmt auch nicht alle Tage.«

»Eine deutsche Hebamme?«, fragte Federico. »Redet ihr von Martha?«

»Nein«, sagte Robert an Stelle seiner Frau. »Es ist eine junge Frau, die ich zufällig am Strand getroffen habe.«

Die eben noch so ruhig daliegende Yacht schien plötzlich wild zu schaukeln, und Federico musste gegen einen schwarzen Abgrund ankämpfen, der sich vor ihm auftat.

»Wie ... heißt sie?«

Claudia und Robert Köppen tauschten einen ratlosen Blick. »Keine Ahnung«, sagte Robert dann. »Ich glaube, sie hat ihren Namen nicht genannt, oder ich habe nicht darauf geachtet. Ich war ja ziemlich aufgeregt.«

Der Abgrund wurde größer, schwärzer.

Sina! hallte es in Federicos Kopf wider. Es ist Sina! Ich habe mich nicht getäuscht. Neulich vor meiner Praxis und der Abend am Hafen. Sie ist hier. Auf Sardinien. Ganz in meiner Nähe.

Er hätte Claudias nächste Worte zur Bestätigung gar nicht mehr gebraucht: »Sie hat sehr jung auf mich gewirkt. So zierlich und klein. Aber ich habe gemerkt, dass der äußere Eindruck täuscht. Von ihrem Job versteht sie etwas.«

Federico nickte. Es konnte sich nur um Sina handeln. Ohne es zu merken, knackte er laut mit den Fingerknöcheln, eine Unart, die er sich vor Jahren abgewöhnt hatte. Noch vor einer halben Stunde vielleicht hatte sich Sina hier auf dieser Yacht befunden. So nah – und doch wieder unerreichbar.

Und nun konnte die Begegnung, vor der er sich seit zehn Jahren fürchtete, nach der er sich nach zehn Jahren sehnte, in den nächsten paar Sekunden stattfinden. Er fragte sich, ob Sina wegen ihm nach Sardinien gekommen war oder ob es sich um einen Zufall handelte. Nein, entschied er. Es musste einen Grund geben. Aber welchen? Wollte sie ihn nach all der Zeit zur Rede stellen? Oder wollte sie ... nein, Federico wagte es nicht, weiterzudenken. Es gab keine Wunder im Leben. Nicht in seinem.

»Wann ist sie eigentlich rausgegangen?«, fragte Robert seine Frau.

Claudia, die ihren neugeborenen Sohn gerade zum ersten Mal an die Brust legte, antwortete nicht gleich. Ein glückliches Lächeln umspielte ihre Lippen. Nach geraumer Zeit zog sie nachdenklich die Stirn zusammen. »Das war genau in dem Moment, als Federico angekommen ist. Anna, geh doch mal in der Gästekajüte nachschauen, ob sie dort ist.«

Das Mädchen tat wie geheißen, kam aber nach wenigen

Minuten kopfschüttelnd zurück. Daraufhin wurde die gesamt Yacht abgesucht, doch nirgends fand sich eine Spur von der deutschen Hebamme.

Als wäre sie doch nur ein Geist aus der Vergangenheit, dachte Federico beklommen.

»Mach dich nicht verrückt«, sagte Lorella, als sie sich auf dem Sonnendeck trafen. »Die ist wahrscheinlich zurückgeschwommen. Deutsche Frauen sind doch angeblich so sportlich.«

Etwas am Klang ihrer Stimme ließ ihn aufhorchen. Er fixierte Lorella mit seinem Blick, aber sie zuckte nicht einmal zusammen. »Weißt du etwas von ... von dieser Hebamme?«

»Ich? Wie kommst du denn darauf?«

Da war kein Blinzeln in ihren Augen, kein Zögern in ihrer Antwort. »Ich kenne nur eine deutsche Hebamme, und das ist Martha.«

Martha, schoss es Federico durch den Kopf. Martha war in diese Geschichte verwickelt. Er dachte an den Abend, als sie ihn zu Hause besucht hatte, an den köstlichen Kasselerbraten, an das deutsche Pils. Und ihm fiel ein, wie ausführlich sie ihn nach Sina ausgefragt hatte. Dann diese Andeutungen, von wegen, man müsse die Dinge geschehen lassen. Seine Gedanken machten einen Sprung. Hatte Martha nicht auch davon geredet, dass sie sich zur Ruhe setzen wollte? Wollte sie etwa ihre Nachfolge regeln, indem sie sich als Kupplerin betätigte? Federico fröstelte plötzlich. Wenn seine Vermutung zutraf, dann spielte Martha ein verdammt gefährliches Spiel.

Im nächsten Moment kam der Skipper angelaufen. »L'hanno tirata fuori dal mare«, sagte er und wechselte ins Deutsche, als Robert hinzukam. »Man hat sie aus dem Meer gezogen.«

Er hatte einen Funkspruch zwischen einem Ausflugsboot und der Küstenwache mit angehört. Demnach war eine junge Deutsche von der Strömung um eine schmale Landzunge abgetrieben worden. Dabei war sie so dicht an scharfkantigen Felsen vorbeigetrieben, dass sie sich einen tiefen Schnitt im Unterschenkel zugezogen hatte. Durch den Blutverlust ließen ihre Kräfte schnell nach, und sie wäre höchstwahrscheinlich ertrunken, wenn nicht zufällig das Ausflugsboot auf seiner Tour entlang der Costa Smeralda vorbeigekommen wäre.

Federico lauschte dem Bericht, ohne eine äußere Regung zu zeigen. Aber sein Herz schlug nicht mehr. Eine unendliche Zeit lang. Als es seine Arbeit wieder aufnahm, war er nicht mehr derselbe Mann wie vorher. Welche Sorte Mann an seine Stelle getreten war, wusste er noch nicht genau, aber es war zumindest jemand, der ohne die Liebe seines Lebens nicht mehr sein wollte.

»Wir bringen Claudia und ihr Baby ins Krankenhaus«, sagte er, da er dies sowieso vorgehabt hatte. So bald er seine Patientin in guten Händen wusste, wollte er sich auf die Suche nach Sina machen.

»Du spinnst ja!«, rief Kerstin aus und sah voller Empörung auf Sina hinab. »Du kannst doch nicht einfach abhauen.«

»Und ob«, gab Sina ungerührt zurück. »Mein kleiner Schnitt ist genäht, ich fühle mich gut, und ich will zurück ins Hotel.«

Sie bemerkte, wie Kerstin schnelle Blicke mit Martha und Florian tauschte, die beide am Fußende ihres Bettes standen.

»Aber du wärst fast gestorben.«

»Quatsch.« Sina richtete sich auf und spähte nach dem

Rollstuhl. Auf ihren Beinen würde sie das Krankenhaus wahrscheinlich nicht verlassen können. Egal. Hauptsache raus hier. Raus, bevor Federico mit Claudia Köppen und dem Baby auftauchte. Denn daran bestand für sie kein Zweifel. Eine Nachuntersuchung im Krankenhaus musste sein. Und da jetzt auf den Fluren vermutlich über nichts anderes als ihre spektakuläre Rettung geredet wurde, musste sie davon ausgehen, dass auch Federico davon erfuhr. Aber sie wollte ihn jetzt nicht sehen. Nicht in ihrem geschwächten Zustand. Vor allem nicht, wenn sein blonder Schatten wieder bei ihm war, und das war zu befürchten.

Vor ihren Freunden spielte Sina die Starke, aber sie fühlte sich in Wahrheit furchtbar elend.

»Es geht mir wirklich gut. Ihr müsst mir nur in den Rollstuhl helfen.«

»Martha!«, rief Kerstin. »Sag du doch auch mal was!«

Die ältere Hebamme legte den Kopf schief. »Das war ziemlich knapp. Bleib doch wenigstens über Nacht hier.«

»Auf keinen Fall.«

»Aber das Meer hätte dich fast umgebracht«, sagte jetzt wieder Kerstin, die furchtbar blass um die Nase war.

Sina zwang sich zu einem Lächeln. »Stimmt nicht. Das Meer hat mich gerettet.«

»Hä? Sag mal, hast du dir auch den Kopf irgendwo angeschlagen?«

Selbst Martha und Florian schienen an ihrem Verstand zu zweifeln, aber Sina sagte ruhig: »Ich bin auf die kleine Bucht vor unserem Hotel zugeschwommen, doch die Strecke war viel zu weit. Ich hätte es nie geschafft. Plötzlich merkte ich, wie die Strömung mich in eine andere Richtung drängte, um die kleine Landzunge herum.«

Sie erzählte nicht, wie sie sich von den sanften Wellen

plötzlich getröstet gefühlt hatte, wie sie gespürt hatte, dass die Wellen ihr helfen wollten. Dann hätten die Freunde sie wahrscheinlich einweisen lassen.

»Der Strand hinter der Landzunge war viel näher als der von unserem Hotel«, fuhr sie fort. »Das Meer hat mich dorthin getragen.«

»Logisch – und dich bei der Gelegenheit mal kurz auf einen Felsen geschleudert.«

»Das war meine eigene Schuld. Ich hätte etwas mehr Abstand zur Landzunge halten sollen. An die Felsen kurz unter der Wasseroberfläche habe ich einfach nicht gedacht.«

»Da hast du ja Glück gehabt, dass dein Freund, das Meer, dir nicht ein paar Haie auf den Hals gehetzt hat. Bei der Blutspur, die du hinter dir hergezogen hast, wäre das vielleicht nicht so gut ausgegangen.«

Hinter dem Sarkasmus der Freundin verbarg sich die ausgestandene Furcht, und Sina drückte kurz Kerstins Hand. »Ich glaube nicht, dass es im Mittelmeer Haie gibt.«

Aus den Augenwinkeln bemerkte sie Marthas Gesichtsausdruck und erschrak. Offenbar täuschte sie sich. Zum Glück bemerkte Kerstin nichts, und Sina hoffte, das Thema Haie würde nicht mehr angeschnitten werden. Schnell sagte sie: »Also, ich verlasse jetzt dieses Krankenhaus. Ihr könnt mir dabei helfen oder es lassen. Abhauen tue ich so oder so.«

Da blieb den Freunden nichts anderes übrig, als sie im Rollstuhl über die Gänge zu fahren und in Florians Mietauto zu verfrachten. Zuvor unterschrieb Sina ein Dokument, dass sie das Krankenhaus auf eigenes Risiko verließ.

In der Villa Margherita angekommen, war sie am Ende ihrer Kräfte. Schon halb bewusstlos bekam sie noch mit, wie Martha und Kerstin sie ins Bett brachten.

14. Kapitel

Es dauerte vier Tage, bis Sina sich so weit von ihrem Badeunfall erholt hatte, dass sie zum Frühstück wieder das Zimmer verlassen konnte.

Ein Arzt hatte regelmäßig nach ihr gesehen, Martha und Kerstin hatten sich bei ihrer Pflege abgewechselt. Der Schnitt an ihrer Wade hatte dabei die wenigsten Probleme bereitet. Er verheilte gut, und bald schon würde nur noch ein feiner Strich an die Verletzung erinnern. Vielmehr war es Sinas allgemeiner Erschöpfungszustand, der sie so lange ans Bett gefesselt hatte. Der Arzt, ein erfahrener Mediziner, hatte sie darauf angesprochen.

»Sie hätten schon nach zwei Tagen wieder auf den Beinen sein können. Was ist los? Soll ich Sie nicht doch noch einmal ins Krankenhaus einweisen, damit Sie gründlich durchgecheckt werden können?«

Zum Glück hatte Martha an ihrer Stelle geantwortet. »Mach dich nicht so wichtig, Giovanni. Wie lange kennen wir uns jetzt? Dreißig Jahre? Gut, dann kannst du mir einfach mal glauben, dass dem Mädchen nichts weiter fehlt. Sina hat ein bisschen viel Stress gehabt in letzter Zeit, und die Bettruhe tut ihr gut. Basta.«

Dottore Giovanni Carifano hatte daraufhin buchstäblich den Kopf eingezogen und sich verabschiedet.

An diesem Morgen nun, einem der letzten, den Sina auf Sardinien verbringen würde, ging sie zusammen mit Kerstin zum Frühstück. Sie musste sich noch auf die Freundin stützen, und als sie die Hotelterrasse erreichte, war ihr ein wenig schwindelig. Aber dann setzte sie sich in den Schatten einer lachsfarbenen Pergola, trank einen heißen Cappuccino und aß zwei Hörnchen, die hier Brioche hießen, wie sie inzwischen gelernt hatte.

»Bravo«, sagte Kerstin. »So gefällst du mir.«

Ein livrierter Kellner, der inzwischen zu Kerstins Lieblingen gehörte, brachte eine große Schale mit klein geschnittenen Pfirsichen, Stücken von Honigmelone und feinen Ananasscheiben. Dazu zwei Gläser mit frisch gepresstem Orangensaft und zwei weitere Cappuccini.

»Ah, la dolce vita«, sagte Kerstin seufzend und schenkte dem Kellner ein strahlendes Lächeln.

Dann wandte sie sich wieder Sina zu. »Achtung, ich rede jetzt gleich über Federico, doch wehe, du hörst auf zu essen.«

Ihr Magen wollte sich verkrampfen, aber Sina atmete einfach ein paar Mal tief durch und spießte dann eine halbe Scheibe Ananas auf ihre Gabel. Es war an der Zeit, die Vergangenheit hinter sich zu lassen. Und es war auch an der Zeit, das Hoffen zu lernen.

Der Gedanke überraschte sie. Sina führte die Gabel zum Mund, kaute mit Appetit und lächelte in sich hinein. Ja, dachte sie. Ich will die Hoffnung nicht aufgeben. Ich will um Federico kämpfen. Sina wusste genau, woher diese neue Entschlossenheit kam: Als sie draußen auf dem Meer getrieben war, ganz allein, mit den Wellen als einzige Freunde, da hatte sie trotz ihrer Todesangst immer nur denselben Gedanken gehabt: Wenn ich hier draußen sterbe, wird Federico niemals erfahren, wie sehr ich ihn liebe.

Kerstin klatschte begeistert in die Hände. »So gefällst du

mir. Also, hör zu! Wir treffen uns nachher mit Martha. Natürlich nur, wenn du dich stark genug fühlst.«

»Ich bin vollkommen in Ordnung.«

»Super. Martha, Florian und ich sind nämlich der Meinung, wir müssen jetzt endlich mal zur Sache kommen.«

Dankbar sah Sina die Freundin an. »Was wäre ich nur ohne euch.«

»Hm, lass mich mal nachdenken. Wie wär's mit: eine magere alternde Hebamme in einer deutschen Geburtsklinik, die anderen Menschen zu ihrem Familienglück verhilft, bevor sie in ihre leere und kalte Wohnung zurückkehrt?«

»O Gott, Kerstin, hör auf!« Es lief Sina eiskalt den Rücken hinunter.

Dann wechselte sie schnell das Thema »Bist du glücklich mit Florian?«

»Und wie!« Kerstin trank in zwei Zügen ein Glas Orangensaft aus. »Der Mann, das unbekannte Wesen. Stell dir vor, er hat mir gestanden, dass er am Anfang von mir nur genervt war. Erst als ich abgereist bin, hat er plötzlich festgestellt, dass ich ihm fehle.«

»Dann war es für dich auf jeden Fall die richtige Entscheidung.«

»Für dich auch, Sina, wart's nur ab.«

Als Treffpunkt hatte Martha wieder die Bar Da Vittorio an der Hafenpromenade von Olbia vorgeschlagen. Sina, Kerstin und Florian waren pünktlich da, Martha verspätete sich um fünfzehn Minuten.

»Bitte entschuldigt. In der Altstadt war mal wieder kein Durchkommen. Wartet ihr schon lange?«

»Nein«, sagte Kerstin. »Aber wir sind ziemlich gespannt, was du vorhast.«

Sina schwieg und musterte Martha. Ihr war immer noch nicht klar, ob diese Frau aus reiner Freundschaft handelte oder eigene Ziele verfolgte. Martha hatte sich in den letzten Tagen rührend um sie gekümmert, trotzdem waren da noch ein paar offene Fragen. Kerstin schien es ähnlich zu gehen, denn sie setzte plötzlich eine entschlossene Miene auf.

»Was wir gern vorher noch wissen möchten: Warum tust du das alles? Wieso machst du dir die Mühe, Sina herzubringen, und willst sie jetzt unbedingt mit Federico verkuppeln? Es kann ja auch nicht so einfach gewesen sein, Professor Haber zu überreden, uns seine Reise abzutreten.«

»Oh«, sagte Martha und kicherte. »Das war der leichteste Teil meines Plans. Ich habe ihn erpresst.«

Die Freundinnen rissen die Augen auf.

»Erpresst?«, wiederholte Sina.

»Unseren Chef?«, fragte Kerstin.

»Den allmächtigen Herrscher?«, erkundigte sich Florian, und Sina fand, dass er ziemlich fassungslos aussah.

Martha winkte bescheiden ab. »Ach, es gibt da eine alte Geschichte mit einer Geburt, die nicht so gut verlaufen wäre, wenn ich nicht eingegriffen hätte. Aber fragt mich nicht nach Einzelheiten. Ich habe geschworen, niemals darüber zu reden.«

»Ist ja ein Ding«, meinte Kerstin.

Sina empfand neue Achtung für die Ältere, aber auch Furcht. Martha schien zu allem entschlossen zu sein. »Ich möchte gern wissen, warum du das alles tust«, sagte sie leise.

»Ganz einfach. Ich will mich zur Ruhe setzen. Meine Nichte Barbara lebt in Hamburg. Zu ihr möchte ich ziehen. Sie hat zwei süße kleine Töchter, die ich kaum kenne, und sie kann meine Hilfe gut gebrauchen. Aber ich möchte Federico auch nicht so plötzlich im Stich lassen.«

»Aber …« Sina begriff gar nichts mehr. »Was hat das mit mir zu tun?«

»Bist du noch nicht von allein drauf gekommen? Du sollst hier meinen Platz einnehmen. Reinhold Haber hat mir berichtet, dass du deinen Job sehr gut machst. Mit den deutschen Touristinnen kannst du dich schon verständigen, und Italienisch lernst du bestimmt schnell. Würde es dir nicht gefallen, für immer auf Sardinien zu leben?«

Sina öffnete den Mund, um etwas zu sagen, schloss ihn wieder, starrte Martha nur an.

»Hammermäßig«, murmelte Kerstin.

»Wie bitte?«, fragte Martha freundlich.

»Hast du auch bedacht, dass die ganze Geschichte voll in die Hose gehen könnte?«

Florian nickte und legte Kerstin einen Arm um die Schultern. »Bisher ist ja so ziemlich alles schiefgegangen, was schiefgehen konnte.«

»Sina wäre fast gestorben«, fügte Kerstin hinzu.

Als Sina Marthas Gesichtsausdruck bemerkte, sagte sie schnell: »Dafür kann Martha nichts.«

»Danke«, sagte die ältere Hebamme. »Ich hätte es mir trotzdem nie verziehen, wenn dir etwas passiert wäre.«

»Ist es ja nicht.«

Sina war froh, als Florian von etwas anderem sprach. »Ich kann mir nicht vorstellen, dass Professor Haber besonders glücklich darüber sein wird, eine so gute Kraft wie Sina zu verlieren.«

»Der beißt sich vor Ärger sonst wohin«, gab Martha zu. »Zumal er womöglich vorhatte, während seines Urlaubs hier Federico Bergmann zurück an die Klinik zu holen.«

»Schau an«, sagte Kerstin zu Sina. »Da wärst du deinem Gespenst früher oder später sowieso begegnet.«

Florian richtete sich auf seinem Stuhl auf. »Ich denke, der Chef wird schon damit zurechtkommen. Immerhin behält er zwei hervorragende Kräfte an seiner Klinik. Mich und Kerstin. Oder hast du andere Pläne, Schätzchen?«

»Nee«, erwiderte sie glücklich. »Eins seiner beiden ausgeflogenen fleißigen Bienchen wird brav in den Bienenstock zurückkehren.«

Eine Weile schwieg die kleine Gruppe, dann sagte Martha: »Federico und Sina sind füreinander geschaffen.«

»Hast du etwa das zweite Gesicht?«, erkundigte sich Kerstin.

Auch Florian schien seine Zweifel zu haben, gleichzeitig bemerkte Sina ein Aufleuchten in seinen Augen. Klar, dachte sie, er hat die Frau schon gefunden, die für ihn geschaffen ist. Aber dann schaute sie genauer hin, und es schien ihr, als sei da noch mehr. Ein Geheimnis? Sein sonst so träumerischer Blick war auf einmal vollkommen klar.

»Das zweite Gesicht?«, sagte Martha gerade. »Das brauche ich nicht. Mir reicht völlig mein gesunder Menschenverstand. Und Lorella wird auch bald keine Probleme mehr machen.«

»Wie das?«, fragte Sina.

»Ach, wisst ihr. In Wahrheit geht es ihr nur noch um ihr Ego, nicht um Liebe. Sie hat nämlich einen neuen Verehrer, einen englischen Geschäftsmann.«

Sina runzelte die Stirn. »Das glaube ich nicht. Sie weicht Federico nie von der Seite, sogar auf der Yacht war sie mit dabei.«

Schaudernd erinnerte sie sich an den Moment, als sie in Panik von Bord gesprungen war.

»Kannst du aber glauben«, sagte Kerstin und erntete sowohl von Sina als auch von Martha einen verblüfften

Blick. Jetzt wirkte auch Kerstin irgendwie geheimnisvoll, fand Sina.

Die Freundin griff in ihrer Handtasche, holte einen Umschlag heraus und breitete einige Fotos auf dem runden Tisch aus. Zwei Bilder zeigten einen Mann, wie er auf einen schwarzen Alfa Romeo zuging und einstieg, zwei andere – Sina stockte der Atem – zeigten denselben Mann Arm in Arm mit Lorella Ward.

»Wo hast du die her?«, fragte sie heiser.

Kerstin grinste breit. »Florian hat gemeint, wir vier müssten unsere Kräfte zusammenlegen, und da sind wir zwei ein paar Mal losgezogen und haben ein bisschen Detektiv gespielt. War viel spannender, als Promis zu jagen.«

»Großartig«, meinte Martha anerkennend. »Noch Zweifel, Sina?«

Sie schüttelte den Kopf.

»Gut. Obwohl Lorella nun einen neuen Freund hat, kann sie es offenbar nicht ertragen, dass Federico sein Glück findet. Aber da werden Kerstin, Florian und ich heute ein wenig nachhelfen.«

»Super«, meinte Kerstin. »Und wie?«

»Ganz einfach, wir fangen sie ab. In zehn Minuten kommt sie hier vorbei. Ihre Mutter wohnt ganz in der Nähe. Wir passen auf, dass sie nicht so schnell zurückgeht. Kerstin, kannst du eine Frühgeburt vortäuschen?«

»Ähm, klar.«

»Und, Florian – wärst du im Notfall bereit, Gewalt anzuwenden?«

»Selbstverständlich nicht.«

»Hab ich befürchtet«, sagte Martha seufzend. »Nun, es wird auch so gehen.«

Dann sah sie Sina an. »Das ist deine Chance, Kleines. Du

versteckst dich hinter der Bar, bis Lorella vorbeigegangen ist und ich dir ein Zeichen gebe. Dann läufst du zur Praxis.«

Das Wartezimmer war leer, die Tür zum Behandlungsraum stand halb offen. Ihr Herz raste, als Sina vorsichtig hineinging. Kein Federico. Auch nicht in dem angrenzenden Büro. Sie ging weiter und sah zuerst seinen Rücken, den sie so breit und stark in Erinnerung hatte und der heute viel schmaler wirkte. Federico stand am Fenster eines Nebenzimmers und sah hinaus aufs Meer.

»Federico«, flüsterte sie. Keine Reaktion.

»Federico.« Diesmal lauter. Sie fühlte sich einer Ohnmacht nahe, und sie wusste, sie würde sterben, hier und jetzt, wenn er sie nicht in der nächsten Sekunde in den Arm nahm.

Plötzlich wandte er sich um. In seinen Augen stand Verwirrung, dann entdeckte sie darin etwas anderes – ein Gefühl, auf das sie zehn Jahre lang gewartet hatte.

»Sina. Du.« Nur diese zwei Worte.

Keiner von beiden war noch zu einer Bewegung fähig. Nur die Augen huschten hin und her, nahmen das Bild des anderen in sich auf. Sinas Sehnsucht verwandelte sich in brennenden körperlichen Schmerz.

Warum rührte er sich immer noch nicht?

»Ich muss dir so viel erklären«, flüsterte er.

»Nein«, gab sie zurück.

»Nein? Aber du musst wissen, warum ich damals geflohen bin.«

»Weil du mich geliebt hast.«

Er nickte. »Und weil ich ein Feigling war.«

»Mag sein.«

»Versteh doch, Sina. Ich hatte Angst. Deine Eltern waren

tot, und ich fühlte mich für dich verantwortlich. Gleichzeitig entdeckte ich diese verbotenen Gefühle für dich. Ich wusste nicht, wie ich damit umgehen sollte. Also habe ich mein Heil in der Flucht gesucht.«

Da er immer noch wie erstarrt wirkte, streckte Sina die Hand nach ihm aus. »Es ist nicht mehr wichtig«, sagte sie.

Endlich kam er auf sie zu, und mit jedem Schritt, den er machte, geriet ihre gemeinsame traurige Geschichte dorthin, wo sie hingehörte: in die Vergangenheit. Nur noch die Gegenwart zählte, als sie einander sanft in den Arm nahmen. Die Gegenwart und die Zukunft.

Sina schmiegte sich eng an ihn, nahm den Duft seiner Haut wahr, spürte das schnelle Klopfen seines Herzens. Alle Furcht viel von ihr ab, und sie war auf einmal eine junge Frau, die liebte und die geliebt wurde. Sein Hand strich zart durch ihr Haar, sein Atem streifte ihre Wange.

Ich bin zu Hause, dachte Sina glücklich. Später würde sie erfahren, dass Federico in diesem Moment genau dasselbe gedacht hatte.

Gisa Pauly
Deine Spuren im Sand
Ein Sylt-Roman
159 Seiten. Gebunden
ISBN 978-3-352-00783-5

Liebe, Sand und Sylt

Emily steht als Sängerin auf der Höhe des Ruhms. Doch glücklich ist sie nicht geworden. Berno, ihre letzte Liebe, hat sie schwer enttäuscht, und dann noch dieser Eklat während einer Talkshow! Emily will nur noch eins: Weg! Sie flieht nach Sylt, wo sie aufwuchs. Zwanzig Jahre war sie nicht mehr dort. Nun steht sie ihrer Vergangenheit gegenüber, dem Geheimnis ihrer Eltern, das sie mit ins Grab nahmen, und ihrer Jugendliebe. Aber auch auf Sylt bleibt sie auf der Flucht: vor den Reportern, vor Berno, der sie zurückgewinnen will, und vor einem Traummann, der keine Ahnung hat, in wen er sich verliebt hat.

Mehr Informationen erhalten Sie unter
www.aufbau-verlag.de oder in Ihrer Buchhandlung

André Salu
Ein Engel für zwei
Eine himmlische Liebesgeschichte
263 Seiten
ISBN 978-3-7466-2377-1

Ein Engel als Heiratsvermittler?

Amander ist nicht von dieser Welt, er ist ein Engel. Er will beweisen, dass es die perfekte Liebe gibt. Mit statistischen Methoden hat er das ideale Paar bereits ermittelt. Aber lässt sich so wahre Liebe finden? Als das Experiment zu scheitern droht, hilft der himmlische Kuppler nach – und bringt nicht nur das Leben der Auserwählten gehörig durcheinander. Eine rasante und urkomische Romanze mit der Garantie zum Verlieben.

Mehr Informationen erhalten Sie unter
www.aufbau-verlag.de oder in Ihrer Buchhandlung

aufbau taschenbuch

Guillaume Musso
Wirst du da sein?
Roman
Aus dem Französischen
von Claudia Puls
310 Seiten
ISBN 978-3-7466-2513-3

Zwei Herzen. Zehn Chancen. Ein Wunder

San Francisco, 2006. Elliott Cooper hat mit 60 erreicht, wovon viele nur träumen: Er ist ein angesehener Arzt, Vater einer 20-jährigen Tochter, und die Frauen liegen dem attraktiven Mann zu Füßen. Das perfekte Glück? Nur scheinbar, denn niemals ist Elliott über den Tod seiner geliebten Ilena hinweg gekommen. Eines Tages macht er die Bekanntschaft eines alten Mannes, der ihm seinen sehnlichsten Wunsch erfüllt: die Liebe seines Lebens noch einmal wiederzusehen. Als Reisender zwischen den Zeiten begegnet Elliott dem eigenen Ich als jungem Mann, den er überzeugen will, die Weichen in seinem Leben anders zu stellen und so Ilenas frühen Tod zu verhindern. Bis ihm klar wird, dass man das Schicksal nicht ungestraft herausfordert. Guillaume Mussos ergreifender Roman erstürmte auf Anhieb die Bestsellerlisten und wird auch Ihr Herz erobern.

Mehr Informationen erhalten Sie unter
www.aufbau-verlag.de oder in Ihrer Buchhandlung

aufbau taschenbuch

Kim Edwards
Die Tochter des Fotografen
Roman
Aus dem Amerikanischen
von Silke Haupt, Eric Pütz
540 Seiten
ISBN 978-3-7466-2444-0

»Bezaubernd von der ersten Seite an.« Für Sie

Wie kann eine Frau weiterleben, wenn ihr das Kind genommen wird? Wie kann ein Mann weiterleben, der seiner Frau so etwas angetan hat? Bewegend und fesselnd erzählt Kim Edwards die anrührende Geschichte einer Familie, deren Schicksal sich im Bruchteil einer Sekunde unumkehrbar wendet. Ein Roman über Trennungen, Neuanfänge und die Kraft der Liebe.

»Ein Roman zum Bewundern, Betrauern und am Ende Begeistert sein.« BILD am Sonntag

»Jeder muss von der außergewöhnlichen Kraft und Wärme dieses Romans tief beeindruckt sein.«
The Washington Post

Mehr Informationen erhalten Sie unter
www.aufbau-verlag.de oder in Ihrer Buchhandlung

aufbau taschenbuch